숲의 미래가 바로 우리의 미래예요!

# FORESTS
## 숲, 모두의 숲

제스 프렌치 글
알렉산더 모스토브 그림
이한음 옮김 최재천 감수

크래들

# 차례

숲은 왜 중요할까요? 4
이 책에서 우리가 배우게 될 숲에 관한 이야기

## 제 1장
## 지구의 숲 6

**열대우림 8**
초록빛으로 무성한 숲속 세계에 살고 있는
다양한 생명들을 만나 보세요

**한대림 10**
눈이 소복한 겨울 숲에 누가 사는지 보세요

**온대낙엽수림 12**
변화무쌍한 사계절에 동식물들이
어떻게 적응해서 살아가는지 보세요.

**숲 파괴의 현장 14**
숲은 어떤 위기에 처해 있을까요?
심각하게 숲이 파괴되고 있는 현장을 보세요

## 제 2장
## 숲 파괴의 원인 16

**어디에나 있는 사람 18**
사람과 숲이 어떤 관계가 있는지 알아봐요

**사람을 위한 농작물과 가축 20**
우리가 먹는 식량이 숲에 어떤 영향을 미치는지 살펴봐요

**우리 생활에 필요한 목재 22**
숲을 꼭 베어야 한다면, 어떻게 베어야 할까요?

**땅에 묻힌 보물들 24**
채굴이 숲에 어떻게 피해를 주는지 알아봐요

## 제 3장
## 숲 파괴의 영향 26

**기후변화 28**
숲을 베면 지구 기후에 어떤 영향이 미칠까요?

**자연의 균형 파괴 30**
홍수에서 가뭄에 이르기까지,
숲이 사라지면 일어나는 자연현상

**위험에 처한 사람들 32**
생활 터전을 잃어 가는 세계 원주민들

**생존을 위협받는 동물들 34**
나무 꼭대기에서 숲 바닥에 이르기까지,
멸종 위기에 처한 생물들

## 제4장
## 숲 파괴를 멈추려면 36

### 야생 보전하기 38
소중한 숲을 보전할 해결책을 알아봐요

### 벌목과 채굴에 대처하기 40
벌목과 채굴의 영향을 줄일 방법을 살펴봐요

### 농업 대책 세우기 42
미래 세대를 위한 지속 가능한 농사법을 배워요

### 첨단 기술 활용하기 44
과학과 기술로 숲을 지킬 방법을 찾아요

### 숲에 대해 알리기 46
지식과 교육이 세상을 어떻게 바꾸는지 알아봐요

### 법과 규칙 만들기 48
국가가 해야 할 일엔 어떤 것이 있을까요?

### 대중의 힘 50
개인이 어떻게 세상을 바꾸는지 보세요

## 제5장
## 우리가 할 수 있는 일 52

### 습관을 바꿔요 54
우리가 일상생활에서 할 수 있는 노력

### 윤리적 구매를 해요 56
지구와 숲을 위한 구매 습관을 길러요

### 목소리를 내서 행동해요 58
숲에 관한 내 생각을 알리고
가정, 학교, 기업에 변화를 이끌어요

### 숲을 돕는 직업들 60
숲을 지키는 일에 도움을 주는 직업을 알아봐요

### 용어 설명 62

# 숲은 왜 중요할까요?

숲은 지구의 생물에게 아주 중요해요. 숲이 없다면 세상은 아예 제대로 돌아갈 수가 없을 거예요. 아름다운 은행나무부터 하늘을 찌를 듯한 자이언트세쿼이아에 이르기까지, 지구에는 6만 종류가 넘는 나무가 살아요. 지표면의 약 1/3을 나무가 덮고 있고, 수천 년째 살고 있는 나무도 있어요.

숲은 우리에게 아름다운 풍경을 제공할 뿐만 아니라, 세계 동물의 약 2/3에게 집과 먹이와 안전한 터전을 제공해요. 세상에 알려진 종의 약 10퍼센트는 남아메리카의 아마존 우림에 살고 있어요. 숲은 우리가 들이마시는 산소도 만들어요!

그런데 이런 소중한 숲이 전 세계에서 걱정될 만큼 빠르게 줄어들고 있어요. 물론 나무를 베어야 할 타당한 이유가 있을 때도 있어요. 하지만 사람, 동물, 나무에게 정말로 필요한 것이 무엇인지 생각한다면, 그보다 더 나은 방법이 있을 때도 많아요. 다행히도 우리에게는 이런 상황을 바꿀 수 있는 힘이 있어요.

이 책에서 여러분은 나무를 베는 이유를 자세히 알아보고, 숲이 사라지면 사람, 동물, 지구에 어떤 영향이 미칠지도 살펴볼 거예요. 그런 뒤에 전 세계의 과학자, 농민, 환경 보전 운동가 같은 이들이 숲을 돕기 위해 어떤 놀라운 일을 하고 있는지 알아보기로 해요. 그리고 여러분 자신이 어떤 변화를 일으킬 수 있을지도요! 그렇게 힘을 모으면, 숲은 앞으로 수천 년 더 우리 곁에 남아 있을 거예요.

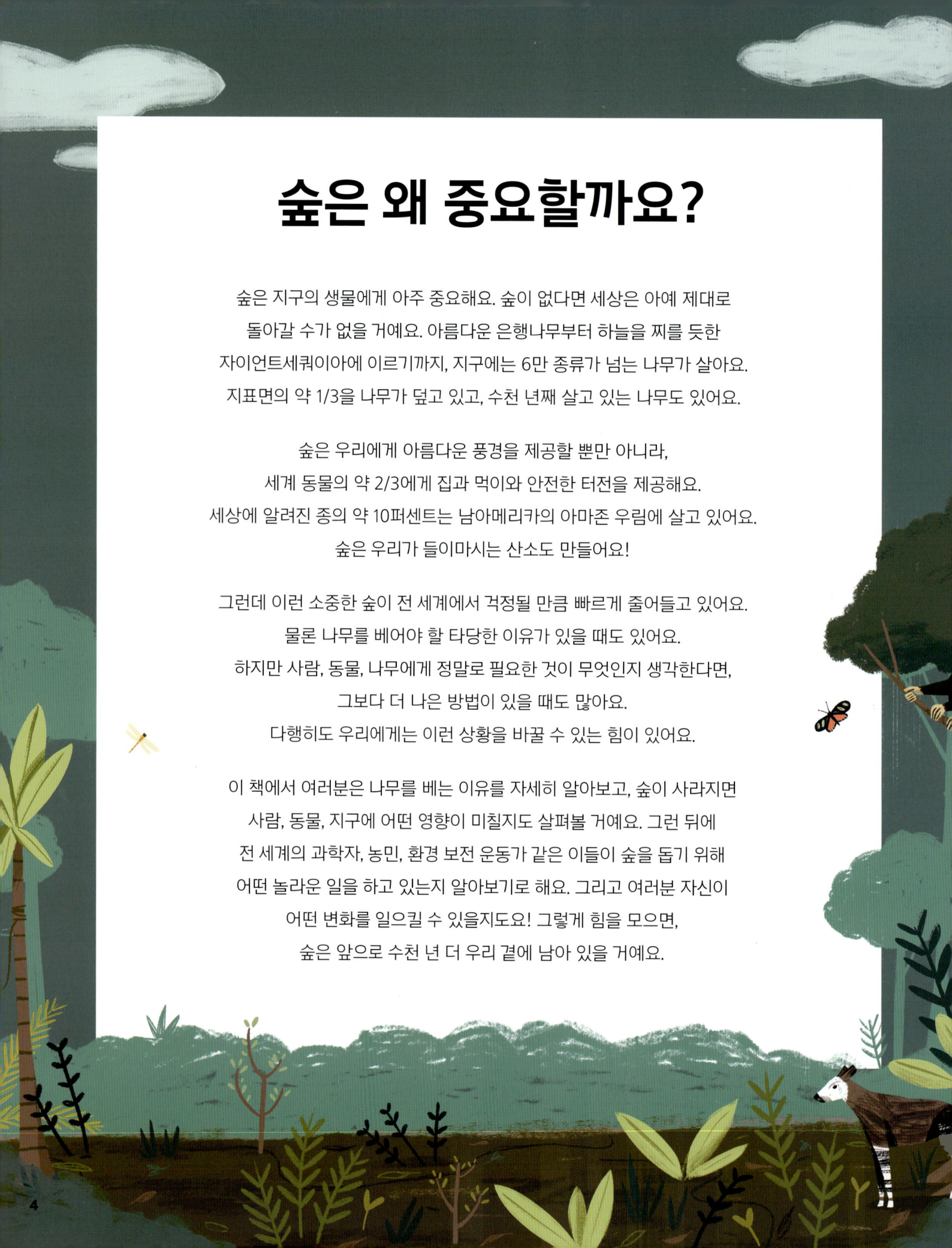

# 세계의 숲

전 세계의 숲이 표시된 지도예요. 지구의 산림은 위도에 따라 열대림, 온대림, 한대림 등으로 나눠요. 각 숲의 특징은 제1장 '지구의 숲'에서 더 자세히 알아보기로 해요.

■ 한대림
■ 온대림
■ 열대림

# 제1장
# 지구의 숲

**나무로 덮여 있는 넓은 면적을 숲이라고 해요.**
어떤 숲은 후덥지근하고 화려한 색깔의
동물들과 온갖 곤충이 우글거려요.
반면에 얼어붙은 강을 끼고 눈이 무겁게 쌓여서
나뭇가지가 축 늘어진 춥고 헐벗은 숲도 있지요.
숲은 이렇게 저마다 독특한 특징을
가지고 있어요. 똑같은 숲은 없어요.
그래서 모든 숲은 다 중요해요. 그런데 슬프게도
모든 숲은 한 가지 공통점이 있어요.
모두 파괴될 위험에 처해 있다는 거예요.

# 열대우림

열대우림 안은 컴컴하고 수증기로 자욱해요. 나무들이 높이 솟아 하늘을 가리고 있어서 빛이 대부분 들어오지 못하고, 거의 매일같이 비가 내려요. 하지만 열대우림 어느 곳에서나 생명으로 가득 차 있는 것을 볼 수 있어요. 초록빛으로 무성한 곳곳에서 곤충과 새의 소리를 들을 수 있지요. 지구 동식물의 약 절반이 이 독특한 서식지에 살고 있어요. 과학자들은 우림을 네 층으로 나누어요. 층마다 사는 동식물이 달라요.

부채머리수리는 소리 없이 하늘을 날다가, 수관에 사는 나무늘보나 원숭이를 덮쳐요.

헬리코니우스나비와 모르포나비를 비롯해 많은 화려한 나비들이 숲속을 날아다녀요.

큰부리새는 나뭇가지 사이를 날거나 폴짝 뛰면서 나무 꼭대기까지 올라가요.

유대하늘다람쥐가 나무 사이를 우아하게 날아다녀요.

보아뱀도 위장을 잘해요. 힘센 꼬리로 나무를 꽉 감고 거꾸로 매달려 있다가 지나가는 먹이를 덮쳐요.

맥은 낮에 숲 바닥에서 먹이를 찾아요. 열매와 잎을 뜯어 먹지요.

## 열대우림에서 온 것들

다음 제품들이 열대우림에서 왔거나, 열대우림에서 나는 자원으로 만들어졌다는 것을 아나요?

**초콜릿**: 달콤한 초콜릿은 열대우림에서 자라는 카카오 나무의 열매 속 콩으로 만들어요.

**치료 약**: 암 치료 약 중에는 열대우림에서만 자라는 식물에서 얻은 것이 많아요.

**과일**: 망고, 바나나, 오렌지, 아보카도 같은 맛있는 과일들이 열대우림에서 자라요.

# 한대림

타이가라고도 해요. 이 조용한 숲이 지표면의 숲 중에서
가장 넓은 면적을 덮고 있어요. 눈이 많이 내리고 엄청 추운 곳이지요.
이곳은 여름이 짧고, 꽁꽁 얼어붙는 겨울이 아홉 달 동안 이어지기도 해요.
살기 무척 힘든 곳이지만, 이런 숲에도 생명이 가득해요!
일 년 내내 잎이 달린 상록수가 빽빽하게 자라고, 습지와 호수,
강도 많지요. 그래서 많은 놀라운 동물들이 모여든답니다.

한대림에는 소나무, 전나무, 가문비나무가 가득해요. 반질거리는 바늘잎이라서 눈이 무겁게 쌓여도 바람이 불면 잘 떨어져요.

하늘다람쥐는 나무 사이를 뛰어넘으면서 열매와 잎을 찾아 먹어요.

북극여우는 이 추운 숲에 살아요. 보온이 잘되는 두꺼운 털가죽 덕분에 추위를 타지 않아요.

한대림에는 사람들이 각기 다른 모습으로 살아요. 동물을 사냥하거나 물고기를 잡거나, 순록 같은 동물을 키우면서 살아가지요.

이런 숲의 나무를 베면, 다시 자라는 데 아주 오래 걸려요.

흙은 양분이 적고 얼어붙을 때가 많아서, 식물이 많이 자라지 못해요.

## 한대림에서 온 것들

다음 제품들이 한대림에서 왔거나,
한대림에서 난 자원으로 만들어졌다는 것을 아나요?

**종이, 화장지**: 책, 노트, 화장지 등 우리가 쓰는 종이는
대부분 이 숲에서 자라는 나무로 만들어요.

**석유와 천연가스**: 우리가 사용하는 석유와 천연가스 중에는
한대림의 얼어붙은 땅 밑에서 채굴하는 것이 많아요.

**목재**: 한대림의 침엽수에서 얻은 연한 목재는
창틀, 문, 마룻바닥을 만드는 데 쓰여요.

# 온대낙엽수림

우리나라 숲과 같이 계절마다 모습이 달라지는 숲이에요.
해마다 봄, 여름, 가을, 겨울 사계절이 번갈아 나타나요.
봄에는 잎이 나고 꽃이 피지요. 여름에는 새들이 노래하고
새끼 동물들이 돌아다녀서 숲이 활기차요. 가을이 되면 나뭇잎이
빨갛고 노랗게 물들고, 동물들은 추위를 대비해서 살을 찌워요.
겨울이 오면 나무들은 잎을 떨구고, 동물들은 따뜻한 곳으로 이주하거나,
아늑한 곳에서 긴 겨울잠에 빠져요. 이는 여기에 사는 동식물이
환경에 아주 잘 적응했다는 뜻이에요.

## 온대림에서 온 것들

다음 제품들이 온대림에서 왔거나,
온대림에서 난 자원으로 만들어졌다는 것을 아나요?

**단풍나무 시럽**: 단풍나무 수액은 '메이플 시럽'이라고 하는
달콤한 시럽을 만드는 데 쓰여요.

**견과류**: 헤이즐넛, 호두, 밤, 피스타치오는 모두 온대림에서 나요.

**송로버섯**: '트러플'이라고 하는 이 맛있는 버섯은
개와 돼지의 후각을 이용해서 낙엽층 밑에서 찾아내요.
세계 3대 식재료의 하나로 여겨질 만큼 귀한 버섯이에요.

도가머리딱따구리는 부리로 나무줄기에 구멍을 뚫어서 안에 숨은 곤충을 찾아 먹어요.

아래쪽에서는 다람쥐 같은 작은 포유동물들이 잎 사이로 쪼르르 돌아다녀요.

사슴벌레 같은 딱정벌렛과 곤충은 숲 바닥에서 썩어 가는 나무와 식물을 먹어요.

# 숲 파괴의 현장

지구에는 많은 놀라운 숲들이 곳곳에 있어요.
안타깝게도 이 경이로운 숲들은 똑같은 심각한 문제에 시달리고 있어요.
바로 숲이 파괴되고 있다는 거예요.

## 숲 파괴란?

땅을 다른 일에 쓰기 위해서 숲의 나무를 다 베어 내는 것을 '숲 파괴'라고 해요.
새로운 문제는 아니에요. 인류는 수천 년 전부터 숲을 없애고 집과 밭을 만들었지요.
그런데 지금은 나무를 너무나도 많이 베어 내고 있어요. 시간이 갈수록 점점 더 많이요.
2017년에는 1분마다 축구장 40개만 한 면적의 열대림이 사라졌어요.
우리가 바꾸지 않는다면, 지구에서 숲이 모조리 사라질 수도 있어요.
세계 각지의 숲 파괴가 어떤 영향을 미치는지 살펴볼까요?

## 보르네오섬

동남아시아 보르네오섬의 숲에는 온갖 생물이 가득해요.
오랑우탄과 코뿔새부터 목숨을 구할 치료 약을 만드는 데
쓰이는 식물에 이르기까지, 수많은 색다르면서 중요한 종들이 살고 있지요.
1970년대에는 이 섬의 75퍼센트 이상이 숲이었는데, 그중 거의 절반을 불태우거나
베어 내거나 해서 없앴어요. 보르네오섬에서 숲을 파괴하는 주된 이유는
기름야자 대농장을 만들기 위해서예요(20쪽 참조).

1973

2010

지도를 보면 1973년에서 2010년 사이에 보르네오섬의 숲이 얼마나 사라졌는지 알 수 있어요.

## 아마존

아마존은 세계 최대의 열대우림이에요. 남아메리카의 넓은 지역을 덮고 있고, 인도보다 두 배 이상 넓어요! 또 세계 동식물의 약 10퍼센트가 살고 있지요. 이곳의 숲은 주로 소 목장과 콩 대농장을 만들기 위해 없애고 있어요. 또 숲을 없애고 도시, 광산, 댐을 만들기도 해요. 숲 파괴 속도를 늦추지 않으면, 2030년이면 아마존 숲의 1/4 이상이 사라질 거예요.

**1988**

**2013**

지도를 보면 1988년에서 2013년까지 25년 사이에 아마존 숲이 얼마나 사라졌는지 알 수 있어요.

## 불, 불이야!

숲 파괴가 꼭 나무를 베는 것만을 뜻하지는 않아요. 불도 숲을 파괴해요. 숲의 불은 번갯불이 치면서 자연적으로 일어나기도 해요. 숲 일부를 개간하기 위해 일부러 불을 놓았는데 걷잡을 수 없이 번질 때도 있어요. 2019~2020년에 호주에서 무시무시한 불이 번져서 수백만 헥타르의 숲이 불타고 수억 마리의 동물이 죽었어요. 호주에서는 해마다 으레 숲에 불이 나곤 하는데, 과학자들은 이 불이 기후변화(28쪽 참조) 때문에 더 세졌다고 봐요. 기후변화로 날씨가 더 덥고 건조해졌기 때문이에요.

## 세계의 다른 숲들

### 캐나다

세계 한대림의 약 1/3은 캐나다에 있어요. 2000년 이래로 그중 약 10퍼센트가 사라졌어요. 이는 독일보다 더 넓은 면적이에요.

### 콩고

중앙아프리카의 콩고 분지에는 아마존 다음으로 넓은 열대우림이 있어요. 이곳에 고릴라, 침팬지, 코끼리가 살아요. 이곳도 숲 파괴가 심각해요. 작물을 키우고 광물을 캐기 위해 나무를 베고 있어요.

### 영국

영국의 온대낙엽수림은 수백 년 전 중세 시대가 시작되기 전에 거의 사라졌어요. 옛날에는 영국의 대부분이 숲으로 덮여 있었지만, 지금은 영토의 약 13퍼센트만 숲이에요.

# 제2장
# 숲 파괴의 원인

**사람들이 숲을 베는 이유는 여러 가지예요.**
나무 자체를 목재, 종이, 연료로 쓰기 위해서 벨 때도 있지요.
그 땅을 농사 등 다른 용도로 쓰기 위해서 베기도 해요.
숲에서 멀리 떨어져 살아도, 우리가 생활하면서 쓰는 물건 중에는
나무를 베어서 얻은 것들이 많아요. 인구가 늘고 원하는 것들이 늘수록,
점점 더 많은 나무가 지구에서 사라져요.

# 어디에나 있는 사람

여러분이 아는 사람들을 다 떠올려 봐요. 가족, 친구, 선생님 등등. 몇 명인지 머릿속으로 셀 수 있나요? 이제 지구의 모든 사람을 센다고 상상해 봐요. 몇 명이나 될까요? 지구 인구는 거의 80억 명이나 된답니다. 그리고 매일매일 인구는 더 늘어나고 있어요. 정말로 많지요!

## 인구문제

인구가 늘어나는 것이 좋을 수도 있어요. 새로운 생각도 더 많이 쌓이고, 위대한 과학자, 발명가, 예술가도 더 많아질 수 있으니까요. 하지만 문제도 일으킬 수 있어요. 사람이 많으면 그만큼 살아가는 데 더 많은 자원과 일거리가 필요해지니까요. 한 지역에 사람이 너무 많아져서 식량이나 집 같은 것들이 부족해진 상태를 '인구과잉'이라고 해요.

## 인구는 왜 늘어날까요?

의학이 놀랍도록 발전하고 건강한 식품을 더 많이 먹는 덕분에, 사람들은 점점 더 오래 살고 있어요. 약 100년 전에는 대개 50대까지 살았어요. 지금은 보통 80대까지 살지요. 지금까지 가장 오래 산 사람은 122세였어요. 생일날 케이크에 초를 다 꽂기도 힘들었겠지요?

## 우리가 할 수 있는 일은?

사람들이 필요로 하는 크고 작은 도시를 그냥 짓지 않을 수는 없어요. 그러면 많은 이들이 불편해질 거예요. 하지만 인구과잉이 숲에 미치는 영향을 줄일 방법들이 있어요.

36~51쪽에 보호 구역을 지정해 개발을 제한하고, 파괴를 막는 방식으로 숲을 관리할 방법들이 나와 있어요.

## 숲은 어떻게 영향을 받을까요?

인구과잉이 일어나면 숲이 가장 먼저 피해를 보기 쉬워요. 나무를 베어 그 목재로 집을 짓고요, 땅을 파헤쳐 도로를 깔지요. 한때 동식물로 가득했던 소중한 공간이 이제 사람, 집, 기계들로 가득해져요. 그로 인해 동물들은 살 곳을 잃고, 식물들은 파헤쳐지고, 세상은 더 오염되는 등 엄청난 결과를 가져와요.

**집**
모든 사람은 안전하고 편하게 지낼 집을 원해요. 인구가 늘면, 집을 더 지어야 하고, 그만큼 숲을 없애서 땅을 마련해야 해요.

**다른 시설들**
사람은 살 곳만 필요한 것이 아니에요. 병원, 학교, 가게, 직장, 쉬면서 시간을 보낼 곳도 필요해요. 그만큼 땅이 더 필요하지요.

**물 공급**
사람은 물이 있어야 살 수 있기 때문에, 깨끗한 물을 얻는 일이 정말로 중요해요. 그러려면 땅을 파거나 새로 수도관을 깔아야 해요.

**하수도**
사람이 더 많아지면 대소변도 더 많아진다는 뜻이에요! 이 쓰레기를 말끔히 치우지 않으면, 병에 걸릴 거예요. 지독한 냄새 속에 살아야 하는 건 물론이고요. 그래서 땅속에 하수도를 더 많이 건설해야 해요.

**교통**
여러분은 병원이나 수영장에 어떻게 가지요? 대개 버스, 기차, 전철 같은 대중교통이나 자가용을 이용하지요. 사람이 더 많아질수록, 도로와 철도도 더 많이 만들어야 해요.

**경작지**
사람은 먹을 음식이 필요해요. 먹는 입이 늘어날수록, 작물을 키우고 가축을 먹일 땅이 더 많이 필요해져요.

# 사람을 위한 농작물과 가축

우리가 먹는 음식이 어떻게 숲을 파괴하는지 잘 모르겠다고요?
이해가 안될 수도 있어요. 하지만 식사 시간에 여러분이 무엇을 먹는지 떠올려 보세요.
우리는 먹기 위해 곡식과 채소, 가축을 길러야 하고, 그러려면 그만큼 땅이 필요해요.
그리고 그 공간은 숲을 없애서 마련하곤 하지요.

## 먹일 입이 너무 많아요

우리는 모두 먹어야 살 수 있어요. 그런데 모두를 먹일 만큼 식량을 생산하려면, 많은 땅이 필요해요.
안타깝게도 자연림을 없애서 목초지(동물을 기르는)나 대농장(커피나 설탕 같은 식품을 생산하는 데
필요한 어느 한 종류의 나무나 풀만 심는 곳)으로 만드는 것이 흔히 쓰는 방법이에요.
사람의 식단과 습관이 숲에 어떻게 영향을 미치는지 살펴볼까요?

### 팜유

오늘 아침을 먹고 이를 닦았다면,
이미 팜유를 먹거나 썼을 가능성이 높아요!
라면, 피자, 과자, 초콜릿, 비누, 샴푸에
이르기까지 팜유가 든 제품은
어디에나 있어요.

이렇게 팜유를 아주 많이 쓰기 때문에
팜유를 짜내는 기름야자를 더욱더 많이
길러야 해요. 그러려면 다른 나무들을
더 많이 베어 내야 하고요.
인도네시아 수마트라섬에는
기름야자 대농장의 면적이
우림의 면적보다 4배 이상 넓어요.

### 고기

많은 사람들이 고기를 먹어요.
우리 식탁에 고기 요리가 매일같이 올라와요.
인구가 늘어날수록 고기도 더 많이 필요해요.
그래서 기르는 가축도 점점 많아져요.

많은 가축을 기르려면
넓은 땅이 필요해요.
그래서 세계 곳곳의 숲을
점점 더 없애고 있어요.

### 콩

사람이 먹을 가축을 기르려면, 사료가 필요해요.
콩은 가장 흔히 먹이는 사료 중 하나예요.
우리도 콩을 먹지만, 콩은 대부분(약 80퍼센트)
닭, 돼지, 소 등 가축에게 먹이기 위해 길러요.

콩을 충분히 생산하려면,
많은 숲과 초원을 없애서
밭을 만들어야 해요.

## 단일경작

자연림은 나무, 풀, 강, 개울 등의 자연이 조화를 이루고 있는 곳이에요. 생물 다양성이 높아서 많은 동물과 사람을 먹여 살릴 수 있지요. 그런데 사람들은 농사를 편리하게 짓기 위해서 숲을 없애고 한 종류의 식물만 줄줄이 죽 심곤 해요. 이를 '단일경작'이라고 해요. 단일경작지에는 숲보다 그곳에 사는 생물이 훨씬 적어요.

## 우리가 할 수 있는 일은?

우리는 안 먹고 살 수는 없어요. 또 많은 이들이 농사를 지어서 생계를 꾸려 나간다는 점도 생각해야지요. 팜유가 안 좋다는 걸 알지만 사용을 안 할 수도 없어요. 하지만 잘못된 식단과 습관을 줄여 환경을 보호할 방법은 있어요.

36~51쪽에는 지속 가능하게 농사를 지을 수 있는 방법이 나와 있으니, 꼭 읽어 보세요.

52~57쪽에는 고기를 덜 먹고, 지속 가능한 팜유를 사는 등 작게나마 세상을 바꿀 수 있는 방법들이 나와 있어요.

우림이 농장으로 바뀌면서 오랑우탄, 수마트라호랑이, 수마트라코끼리 같은 많은 동물들의 살 곳이 계속 줄어들어요.

숲의 보호를 받지 못하면, 기름진 흙은 곧 비에 씻겨 나가요. 그리고 얼마 뒤에는 풀도 자라지 못해요.

그렇게 되면 소를 다른 곳으로 옮겨야 하고, 숲을 더 베어야 하지요.

그래서 자연림에 의지하는 지역민들은 생계 수단과 집을 잃고, 재규어와 큰개미핥기 같은 토착 동물들도 살 곳을 잃어 가요.

# 우리 생활에 필요한 목재

숲은 새소리와 곤충이 윙윙거리는 소리로 가득해야 해요. 하지만 요란한 사슬톱 소리와 나무가 쿵 쓰러지는 소리만이 가득한 숲도 있어요. 숲을 벌목하고 있기 때문이에요. 목재를 팔기 위해 나무를 베는 소리만 가득하죠. 이 목재로 많은 일상용품을 만들어요.

## 사람들은 왜 목재를 좋아할까요?

목재는 놀라운 재료예요. 자연에서 얻고, 튼튼하고 단단하며, 아름답고, 다양한 모양으로 만들기도 쉬워요. 또 생분해성이에요. 즉 쓰지 않고 내버려 두면 자연적으로 분해된다는 뜻이지요.

목재는 잘라서 널빤지 같은 건축 재료로 쓰거나, 펄프로 만들어서 종이, 마분지, 천, 심지어 식품을 생산하는 데에도 써요. 또 장작이나 숯 같은 좋은 연료도 되지요. 뗏목과 배, 최초의 비행기에 이르기까지, 목재는 수천 년 동안 인류의 발전과 생존에 도움을 주었어요.

## 뭐가 문제일까요?

문제는 이렇게 사람들이 원하는 목재와 펄프가 나무에서 나온다는 거예요. 따라서 나무를 많이 베어야 한다는 뜻이지요. 대개 어떤 방법으로 베라는 규정이 있지만(48~49쪽 참조) 안타깝게도 늘 잘 지켜지는 것은 아니에요. 숲은 워낙 넓으니까 벌목 과정을 하나하나 다 지켜보기란 거의 불가능해요. 규정을 어기는 방식으로 나무를 베는 벌목공도 있고, 보호 구역에 불법 침입해서 나무를 베는 사람도 있어요.

## 우리가 할 수 있는 일은?

목재 이용을 완전히 금지할 수는 없어요. 하지만 숲에 가장 피해를 주지 않는 방법으로 벌목을 할 수는 있어요. 그렇게 나무를 베도록 우리가 도울 수 있어요.

36~51쪽에는 좋은 벌목 방법을 장려하고, 불법 벌목을 막고, 조림 사업을 통해 숲을 복원하는 방법들이 나와 있어요.

52~57쪽에는 작게나마 세상을 바꿀 수 있는 방법들이 나와 있어요. 종이를 아껴 쓰고, 재생용지나 지속 가능하게 생산된 종이를 사고, 나무를 심는 등의 활동이에요.

## 그럼 나무를 어떻게 베어야 할까요?

나무를 베는 방법은 다양해요. '지속 가능한' 벌목이 가장 좋아요.
큰 피해를 주지 않으면서 장기적으로 계속 목재를 얻을 수 있거든요.
두 가지 벌목 방식의 차이를 아래에서 비교해 보세요!

모두베기 후에 동물들은 살 곳을 잃어요.

### 모두베기

한 지역의 나무를 모조리 다 베는 거예요. 매우 피해를 주는 지속 불가능한 벌목 방법이에요. 숲 생태계를 완전히 파괴하니까요. 숲 바닥에 씨가 남아 있다면 모두베기 뒤에도 나무가 다시 자라날 수 있지만, 그곳에 사는 동물들은 이미 사라지고 없을 거예요.

나무를 없애면 토양 침식이 일어나고 하천 바닥에 흙이 쌓여 홍수가 날 수 있어요.

벌목공이 숲에 들어가려면 나무를 베어 길을 내야 해요.

### 솎아베기

사람에게 가장 쓸모 있는 나무만 베는 거예요. 크고 오래된 나무만 베고 어린나무는 그대로 둬서 숲이 복원될 수 있어요. 적절히만 하면, 지속 가능한 벌목 방식이에요.

다 자란 나무만 베니까 어린나무는 더 넓어진 공간에서 더 많은 햇빛을 받으면서 자랄 수 있고, 동물들에게 먹이와 보금자리를 제공할 수 있어요.

솎아베기도 숲의 섬세한 균형에 영향을 미치긴 해요. 또 거대한 나무가 쓰러질 때 다른 나무들까지 함께 쓰러질 수도 있어요. 하지만 조심스럽게 하면, 이런 벌목 방식은 숲에 장기적으로 피해를 주지 않아요.

# 땅에 묻힌 보물들

우리 발밑의 땅이 대단히 소중하다는 사실을 아나요?
맞아요. 진흙, 모래, 흙 아래에는 석유, 석탄, 천연가스 같은 화석연료와
광물, 금속 같은 자원이 숨어 있거든요. 이런 매장 자원은
현대 생활에서 매우 중요하고, 전 세계에서 채굴되고 있어요.

### 채굴은 왜 숲에 피해를 줄까요?

채굴은 주위에 사는 나무, 동물, 사람에게
큰 피해를 줄 수 있어요. 채굴이 숲에 미치는
영향을 몇 가지 살펴볼까요?

### 광산까지 길 내기

광산이 숲 한가운데 있다면, 나무를 베어서
길을 내야 해요. 이런 길은 불법 벌목꾼이나
밀렵꾼(야생동물을 몰래 사냥하는 사람)도
이용하곤 해요. 예전에는 들어가기
힘들었던 숲속까지 쉽게 들어갈
수 있으니까요. 광산이 아주
크다면, 거기에서 일하는
사람들을 위해 집과
비행장을 짓느라 더 많은
나무를 베기도 해요.

### 땅에 구멍 뚫기

값비싼 자원은 아주 깊이 묻혀 있기도 해요.
그러면 땅에 거대한 구멍을 뚫어야 해요.
그럴 때 파기 쉽게 광산 위에 있는 나무를
모조리 베어요. 구멍을 크게 만들기 위해
폭발물을 터뜨리기도 하고요.

## 무엇을 채굴할까요?

숲 아래 깊은 땅속에는 많은 자원이 묻혀 있어요. 쇠보다 무겁고 단단한 금속인 코발트는 휴대전화 같은 기기의 배터리에 쓰여요. 주로 아프리카에서 캐내는데, 아주 비싸서 '파란 금'이라고 부르기도 해요.

석유도 가치 있는 자원이지요. 집에 난방을 하거나 자동차를 움직이는 데 쓰기 때문에 많은 양이 필요해요. 석유는 열대우림을 비롯하여 세계 여러 곳에서 뽑아 올려요.

## 우리가 할 수 있는 일은?

우리는 모두 채굴된 자원을 매일매일 써요. 차를 움직이고, 난방을 하고, 전자제품을 작동시키는 데 쓰지요. 이런 생활에서 숲에 피해가 덜 가도록 하려면 어떻게 해야 할까요?

36~51쪽에는 이와 같은 문제들에 대처할 수 있는 방법이 나와 있어요.

52~57쪽에는 전기를 아껴 쓰고, 물건을 덜 사고, 화석연료를 덜 쓰는 등 작게나마 우리가 세상을 바꿀 방법이 여러 가지 나와 있어요.

### 누출과 오염

땅속에서 캐낸 자원이 환경에 해로울 때도 있어요. 광산 폐기물을 불법으로 숲의 강에 흘려보내거나 아무렇게나 버리면, 그 물을 마시는 사람과 동물이 매우 위험해질 수 있어요.

### 멸종 위기 동물

채굴은 주변의 야생동물에게 큰 영향을 미칠 수 있어요. 아프리카 콩고민주공화국에는 많은 광산이 있어요. 동부롤랜드고릴라가 살던 곳 역시 광산이 많이 들어섰어요. 이 고릴라가 살던 숲 중 많은 영역이 광산에 길을 내느라 사라졌고, 이 고릴라는 지금 멸종 위기에 처해 있어요.

### 숲 재생의 어려움

채굴이 끝난 뒤에도, 숲이 복원되려면 아주 오랜 시간이 걸려요. 하천이 심하게 오염되고 땅이 채굴 때문에 여기저기 파헤쳐져서 숲이 다시 자라기 어려울 때도 많아요.

# 제3장
# 숲 파괴의 영향

**숲은 대단히 중요해요.**
숲은 무수한 동물들에게 보금자리와 먹이를 줘요.
또 숲은 이산화탄소를 빨아들이고 산소를 내뿜는 지구의 허파이기도 해요.
숲을 없애면, 지구의 섬세한 균형에 영향이 가요. 자동차나 비행기 같은
교통수단을 마구 이용하는 것 역시 지구를 해치는 일이에요.
이 피해는 결국 사람에게 돌아와요. 이런저런 이유에서 숲을 없앤다면
앞으로 우리가 사는 세계의 모습은 영원히 돌이킬 수 없을 거예요.

# 기후변화

숲은 지구 기후와 깊이 연결되어 있어요. 지구가 너무 뜨거워지거나 너무 차가워지지 않도록 숲이 도움을 줘요. 구름을 만들고 바람과 물을 순환시키는 데도 영향을 미치고요. 또 대기에 위험한 기체가 쌓이지 않게 막는 데에도 도움을 줘요. 숲 파괴는 이 모든 중요한 일을 할 나무가 적어진다는 것이고, 그 결과 지구 기후는 걷잡을 수 없이 심각해져요.

## 기후변화란?

기후변화는 지구의 날씨와 기온이 시간이 흐르면서 변하는 과정이에요. 지난 세기에 지구 기온은 아주 빨리 올라갔어요. 약 1℃ 올랐지요. 이를 '지구 온난화'라고 해요. 아주 조금 오른 것 같지만, 실제로는 우리 행성에 엄청난 영향을 미쳐 왔어요.

- 빙원과 빙하가 녹고 있어요.
- 해수면이 높아지고 있어요.
- 홍수와 가뭄이 더 잦아지고 있어요.
- 태풍과 폭풍 같은 극단적인 날씨가 더 잦아지고 있어요.
- 들불이 더 커지고 더 거세지고 있어요.

## 더워지는 원인은 무엇일까요?

지구 기온이 시간이 흐르면서 변하는 것은 정상이지만, 그런 변화는 대개 수천 년 또는 수백만 년에 걸쳐 일어나요. 그런데 최근에는 인간 활동으로 기온이 너무 빨리 오르고 있어요. 왜 그럴까요?

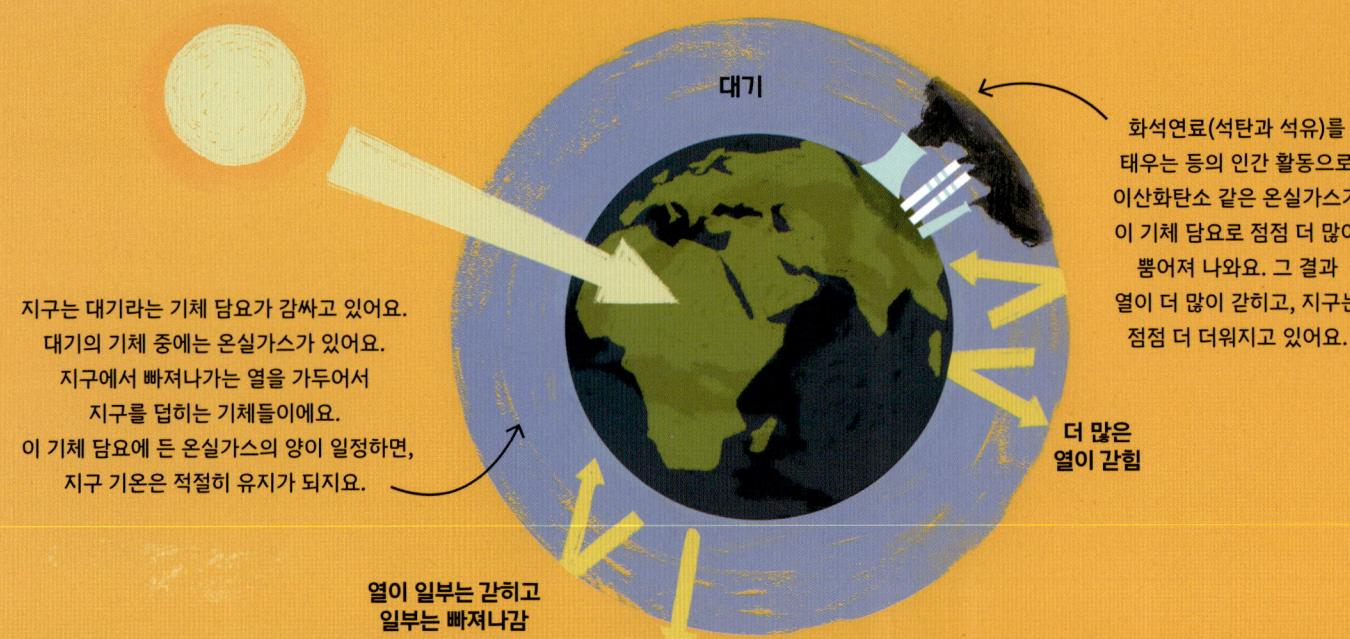

지구는 대기라는 기체 담요가 감싸고 있어요. 대기의 기체 중에는 온실가스가 있어요. 지구에서 빠져나가는 열을 가두어서 지구를 덮히는 기체들이에요. 이 기체 담요에 든 온실가스의 양이 일정하면, 지구 기온은 적절히 유지가 되지요.

화석연료(석탄과 석유)를 태우는 등의 인간 활동으로 이산화탄소 같은 온실가스가 이 기체 담요로 점점 더 많이 뿜어져 나와요. 그 결과 열이 더 많이 갇히고, 지구는 점점 더 더워지고 있어요.

대기

더 많은 열이 갇힘

열이 일부는 갇히고 일부는 빠져나감

## 나무는 어떤 작용을 할까요?

거의 모든 식물은 자라면서 이산화탄소(온실가스의 하나)를 이용해요. 대기의 이산화탄소를 흡수해서, 지구가 더워지는 것을 막지요. 나무는 이 일을 아주 잘해요. 숲은 같은 면적의 밭보다 탄소를 100배 더 많이 저장해요. 기후변화에 맞서 싸울 수 있는 가장 좋은 방법 중 하나는 나무를 더 많이 심는 거예요!

나무를 베면, 숲은 대기 중의 이산화탄소를 더 이상 제거할 수 없어요. 그것만이 아니에요. 죽은 나무는 저장했던 이산화탄소를 다시 다 뿜어내요. 숲 파괴로 해마다 15억 톤이 넘는 이산화탄소가 나무에서 대기로 방출되고 있어요.

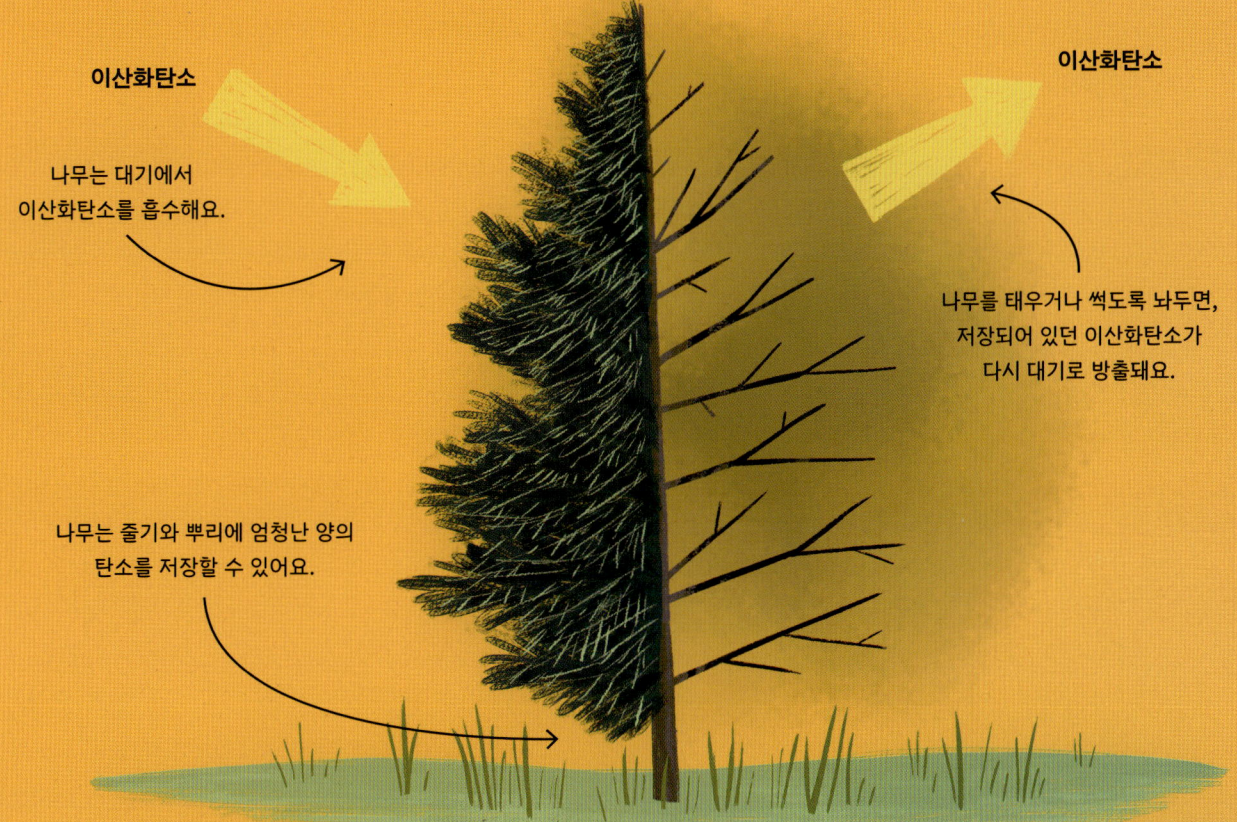

**이산화탄소**
나무는 대기에서 이산화탄소를 흡수해요.

**이산화탄소**
나무를 태우거나 썩도록 놔두면, 저장되어 있던 이산화탄소가 다시 대기로 방출돼요.

나무는 줄기와 뿌리에 엄청난 양의 탄소를 저장할 수 있어요.

### 날씨와 기후는 뭐가 다를까요?

날씨와 기후는 관측하는 기간이 달라요. 날씨는 매일 변하는 것을 관측하고, 기후는 여러 해에 걸친 한 지역의 평균 날씨를 관측해요.

### 우리가 할 수 있는 일은?

기후변화를 막기 위해 해야 할 가장 중요한 일 중 하나는 숲을 보호하는 거예요. 우리가 지구의 미래를 지키기 위해 할 수 있는 크고 작은 일들은 많이 있어요.

36~51쪽에는 개인, 단체, 과학자가 기후변화에 맞서는 데 어떤 도움을 줄 수 있는지 나와 있어요.

52~57쪽에는 작게나마 세상을 바꿀 수 있는 방법들이 나와 있어요. 물건을 덜 사고, 걷기와 자전거 타기를 더 많이 하고, 사람들에게 숲의 중요성을 더 널리 알리는 등의 일이지요!

# 자연의 균형 파괴

비, 깨끗한 공기, 건강한 흙 등 우리가 당연하게 여기는 많은 것들이 숲 덕분에 있다는 사실을 아나요? 숲은 지구의 많은 활동이 제대로 이루어지도록 도와요. 숲이 없다면 세상은 전혀 다를 거예요.

## 건강한 숲에서는 어떤 일이 일어날까요?

건강한 숲에서는 모든 나무의 모든 부위가 자연의 균형을 유지하는 데 중요한 역할을 해요.

잎에서 대기로 수분이 빠져나가요. 이 수분은 구름이 되었다가 비가 되어 내려, 지구의 물순환을 도와요. 비는 동식물에게 마실 물을 제공해 주지요.

잎은 빗물이 땅으로 바로 떨어지는 것을 막아요. 그래서 한꺼번에 떨어진 빗물로 홍수가 나지 않게 해요.

잎은 동물이 호흡하는 데 필요한 산소를 뿜어내고, 해로운 오염 물질을 걸러 내요.

우거진 나뭇잎은 땅에 그늘을 드리워서 시원하게 하고, 흙에서 수분이 증발하는 것을 막아요.

크고 작은 수많은 동물이 나무를 집으로 삼아요. 자연이 섬세하게 균형을 이룰 때, 이 동물들은 하나하나 중요한 역할을 해요. 씨를 퍼뜨리고, 꽃가루를 옮기고, 배설물로 흙을 기름지게 하지요.

나무는 땅에서 물을 끌어올려서 자라는 데 써요.

뿌리는 흙을 꽉 붙들어서, 호수나 하천으로 흙이 씻겨 나가는 것을 막아요.

잎은 떨어진 뒤 썩어서 흙에 식물이 자라는 데 쓸 많은 양분을 제공해요.

# 숲이 다 사라진다면 어떻게 될까요?

나무를 다 베어 버리면 균형이 사라져요.
무성하고 초록색이었던 땅은 텅 빈 사막으로 바뀔 수 있어요.

### 헐벗은 토양
토양을 기름지게 할 낙엽도 없고,
그늘을 드리워서 수분 증발을 막을 나뭇잎도
없으므로, 햇볕에 땅이 바짝 말라붙어요.
이 헐벗고 먼지가 자욱한 흙에서는
아무것도 자라지 못해요.

### 가뭄
대기 중으로 수분을 뿜어내는 잎이 없어서,
비가 덜 내려요. 그래서 물이 부족해지는
가뭄이 생길 수 있어요.

### 산사태
흙을 붙들 뿌리가 없으면,
산사태가 일어나기 쉬워요.
산사태는 사람, 동물, 식물에게
매우 위험해요.

### 홍수
빗물이 흘러가는 속도를 늦추는
숲이 없다면, 물은 더 빠르게
하천으로 흘러들 수 있어요.
얕은 강에 아주 많은 빗물이
한꺼번에 흘러들면,
강은 곧 흘러넘치게 돼요.

### 위험에 빠진 동물들
숲이 사라지면 숲에 사는 동물들도 사라져요.
꽃가루나 씨를 옮기던 숲의 동물들이 사라지면
식물들도 살아남을 수 없어요.

### 흙탕물 강
먼지 많은 흙은 바람에 휩쓸리거나 하천으로
쉽게 씻겨 나가요. 강은 흙탕물이 되고 얕아져요.
그러면 강에 사는 물고기들이 살아가기
힘들어져요. 그 물에 의지해서 살아가는 사람과
동물에게도 해로울 수 있고요.

# 위험에 처한 사람들

수천 년 동안 사람들은 숲에 피해를 주지 않으면서 숲에서 살았어요. 원주민들이 대개 그랬어요. 그곳에 본래 살던 사람들이지요. 그들은 숲과 깊이 이어져 있어요. 숲에서 먹고 마시고 필요한 것들을 구하지만, 한꺼번에 너무 많이 가져오면 다음 세대는 아무것도 얻지 못한다는 것도 알고 있어요.

### 어떤 위협이 있을까요?

모든 사람이 다 숲을 존중하는 것은 아니에요. 기업과 정부는 때로 숲이 완전히 파괴될 위험을 안고 원하는 자원을 얻곤 해요. 그렇게 할 때, 숲을 고향으로 삼은 원주민들의 생활 방식과 문화도 위험에 빠져요. 두 숲에서 원주민들이 어떻게 영향을 받는지 살펴볼까요?

### 열대우림의 부족들

열대의 아마존 우림에는 약 1백만 명의 원주민이 살아요. 이들은 많은 작은 부족으로 이루어져 있어요. 숲 바깥 세계와 한 번도 접한 적이 없는 부족도 있어요! 아와족은 브라질 아마존 깊은 곳에 살아요. 매일 불법 벌목꾼들이 아와족 땅까지 들어와요. 아와족은 자기 숲을 지키려다가 벌목꾼들의 총에 죽기도 해요. 만약 아와족이 숲 바깥으로 피신해 살게 되면, 자신들이 알고 있던 유일한 생활 방식을 잃게 될 거예요.

아와족의 집, 해먹, 옷, 도구는 모두 숲의 재료로 만들어요.

아와족은 생존에 필요한 모든 것을 숲에서 사냥하고 채집해요.

아와족은 부모를 잃은 새끼 동물을 데려다가 키우곤 해요.

## 한대림의 부족들

스칸디나비아 북부와 러시아에는 사미족이라는 원주민이 살아요.
이들은 수백 년 동안 타이가(북반구 냉대 기후 지역의 침엽수림)를 이용해 살았어요.
예전에는 많은 사미족이 순록 떼를 몰면서 타이가를 떠돌았지만,
지금은 약 10명 중 1명만이 그런 생활을 해요. 순록에게 풀을 먹일 타이가의 면적은
점점 줄어들고 있어요. 벌목, 채굴, 새 도로와 철도 건설 때문이지요.
사미족이 더 이상 순록을 몰고 다닐 수 없다면,
그들의 문화와 전통도 상당히 많이 사라질 거예요.

사미족은 자연을 이해하고 매우 존중해요.

사미족은 숲에서 순록을 기르고 번식시킬 뿐 아니라, 사냥하고 땔감을 모으는 데에도 숲을 이용해요.

일부 사미족은 유목민이에요. 순록 떼와 함께 이리저리 옮겨 다니면서 살아간다는 뜻이에요. 사미족은 '라부'라는 텐트에서 지내 왔어요.

## 우리 모두 숲이 필요해요!

숲 파괴로 피해를 보는 사람은 숲에 사는 원주민만이 아니에요. 우리가 마시는 물, 숨 쉬는 공기, 우리가 먹는 동식물 모두 숲 파괴에 어떤 식으로든 영향을 받아요. 세상에서 숲이 줄어들면, 세상의 모든 사람이 고통을 받을 거예요.

# 생존을 위협받는 동물들

숲을 없애면 그 숲에 살면서 먹이를 구하는 동물들도 살아남기 힘들어요. 지난 40년 동안 세계의 숲에 사는 동물의 수는 절반 넘게 줄어들었어요. 자신이 사는 숲이 너무 많이 사라지는 바람에 멸종 위기에 처한 동물들도 있어요. 지구에서 완전히 사라질 위험에 놓인 동물들이 많아지고 있다는 뜻이에요. 고릴라, 재규어, 코알라가 없는 세상을 상상해 봐요. 숲을 베는 일을 멈추지 않는다면, 이 동물들은 영원히 사라질 수도 있어요. 숲 파괴로 미래가 위협받는 동물들을 살펴볼까요?

## 열대우림의 동물들

오랑우탄만큼 열대우림에서 잘 적응해 살아가는 동물은 없을 거예요. 낮에는 나뭇가지에 매달려 우아하게 몸을 흔들면서 옮겨 다니고, 밤에는 나무 꼭대기에 둥지를 짓고 자요. 거의 평생을 숲에서 보내요. 하지만 오랑우탄이 사는 동남아시아 보르네오섬과 수마트라섬의 우림은 지구에서 가장 빠르게 사라지고 있는 숲에 속해요. 숲에 새 길이 나고 밀렵꾼들이 들어오면서, 애완동물로 팔려고 새끼 오랑우탄을 훔쳐 가기도 해요. 이런 위협에 대처하지 않으면, 오랑우탄은 30년 이내에 야생에서 사라질 가능성이 높아요.

## 위기에 처한 식물들

위협받는 것이 동물 종만은 아니에요. 세계 식물 종의 약 2/3는 열대우림에 살아요. 숲을 없애면 어떤 식물 종은 영원히 사라져요. 그런 종이 있었다는 것도 우리가 모른 채로요!

## 우리가 할 수 있는 일은?

우리는 모두 숲에 사는 놀라운 동식물을 보호하고 싶어요. 그런데 어떻게 해야 할까요?

36~51쪽에는 숲의 종을 보호하는 데 도움을 줄 자연 보전 계획, 생태 관광, 산림 감시원 고용, 농업 대책 등이 나와 있어요.

52~57쪽에는 숲과 그 안에 사는 동물들을 살릴 수 있는 생활 속 실천 방안이 실려 있어요.

## 온대림의 동물들

밤이 되면 북부점박이올빼미는 나무 아래로 소리 없이 내려와서 먹이를 덮쳐요. 이 멸종 위기에 처한 올빼미는 북아메리카 서부의 참나무와 소나무 숲에 살아요. 크고 오래된 나무에 둥지를 틀지요. 하지만 목재를 얻으려고 이런 건강하고 오래된 숲을 베어 내고 더 어린나무를 심는 곳들이 많아요. 북부점박이올빼미는 어린 숲에서는 살 수가 없어요. 그래서 수가 점점 줄어들고 있어요. 숲이 100년은 더 자라야 올빼미 수가 예전에 살았던 수준까지 회복될 거예요.

## 한대림의 동물들

러시아와 중국의 북동부 숲에서 돌아다니는 시베리아호랑이는 먹이를 찾아서 아주 먼 거리를 돌아다녀요. 발이 넓적해서 깊은 눈에도 빠지지 않고, 두꺼운 털은 얼어붙을 듯한 추위를 막아 줘요. 이 호랑이가 살던 숲은 사람의 손에 약 95퍼센트 넘게 사라졌어요. 지금 그곳에는 사람이 살고 있고, 호랑이는 자칫 사람이 사는 곳에 들어갔다가 죽기도 해요. 지금 야생에는 600마리도 안 남아 있을 거예요. 한국 백두산호랑이도 여기에 속해 멸종 위기에 처해 있어요.

## 야생에서 사라진 동물들...

안타깝게도 이미 늦은 동물들도 있어요. 숲이 파괴되면서 야생에서 멸종했지요. 인공부화로 살리기 위한 노력을 하고 있어요.

**쿠바흰부리딱따구리**

1980년대에 마지막으로 목격되었어요. 쿠바의 오래된 숲이 벌목되어 사탕수수 농장으로 바뀌면서 사라졌어요.

**스픽스마코앵무**

이 아름다운 앵무는 2000년에 야생에서는 사라진 듯해요. 본래 살던 브라질의 숲이 파괴되면서요.

**마데이라큰흰나비**

포르투갈 마데이라섬의 월계수 숲이 사라지면서 이 나비도 살 곳을 잃었어요. 1980년대 이래로 목격된 적이 없어요.

# 제4장
# 숲 파괴를 멈추려면

"나무를 심기에 가장 좋은 때는 20년 전이었다.
그다음으로 좋은 때는 바로 지금이다."
중국 속담

다행히도 아직 숲 파괴의 영향을 되돌릴 기회는 있어요. 하지만 지금 당장 행동을 취해야 해요! 숲을 지키고 더 늘리려면, 영리한 해결책을 찾아야 해요. 최신 기술을 활용하고 다양한 많은 이들이 참여해야 하지요. 다행히도 전 세계에는 숲을 구하기 위해 애쓰는 사람들이 많이 있어요. 농민과 언론인부터 환경 보전 운동가와 과학자에 이르기까지, 누구나 숲을 보호하는 데 나름의 기여를 할 수 있어요.

# 야생 보전하기

과학자들은 현재 지구에 약 3조 그루의 나무가 있다고 생각해요.
엄청나게 많지만, 사람이 숲을 많이 없애기 전에는 그보다 두 배나 더 많았어요!
남은 숲을 지키는 것이 매우 중요해요. 다행히도 지구의 숲을 보전하기 위해
전 세계에서 쓸 수 있는 해결책이 많이 있어요. 한번 살펴볼까요?

## 자연 보전 계획

남아 있는 식물, 동물, 자연환경을 그대로 지키는 것을 '자연 보전'이라고 해요. 우리 숲과 거기에 사는 동식물을 보호하기 위해 일하는 과학자를 비롯하여, 보전 활동을 하는 사람들도 일하는 분야가 다양해요. 번식 계획(야생 생물 보호 구역에서 멸종 위기 종을 번식시키는 일)에 힘쓰는 사람들도 있고, 연구를 해서 그 결과를 전 세계에 알리는 사람들도 있어요(46쪽 참조).

1970년대에 로드리게스여우박쥐는 살던 숲이 사라지면서 멸종 위기에 처했어요. 보전 노력 덕분에 지금은 2만 마리 이상으로 불어났어요.

## 숲 복원 사업

숲은 가만히 놔두면 언젠가는 스스로 돌아와요. 그러나 도움을 주면 그 과정이 더 빨리 이루어지도록 할 수 있어요. 숲 복원 사업은 전 세계에서 이루어지고 있고, 남녀노소가 다 참여할 수 있어요. 숲이 사라진 지역에 나무를 다시 심거나, 오랫동안 숲이 없던 곳에 나무를 심을 수도 있어요. 정부나 민간단체가 숲 복원에 적극 나선다면 더욱 빨리 우거진 숲을 만날 수 있을 거예요.

'도시를 위한 숲'이라는 단체는 영국을 비롯한 여러 나라의 도시에 1백만 그루가 넘는 나무를 심어 왔어요. 수천 명의 자원봉사자가 동네 공원, 학교, 공동체 숲 같은 도시 공간에 나무를 심고 있어요.

## 생태 관광

관광이 숲을 구하는 데 도움이 될 수도 있어요. 생태 관광(환경을 보전한다는 목표를 갖고 자연 지역을 여행하는 것)은 지역 주민과 정부에 일자리와 이익을 안겨 줘요. 생태 관광지로 알려지면 관광객들이 더욱 들르고 싶은 숲이 되고, 숲도 보호를 받지요. 우리나라도 전국의 생태 관광지를 지정하고 있어요. 제주 올레길 같은 곳이지요.

## 보호 구역 지정

정부는 보호 구역을 지정해서 숲을 보전하는 데 도움을 줘요. 보호 구역에서는 벌목, 채굴, 야생동물 사냥 같은 활동이 완전히 금지돼요. 그 결과 숲의 동식물은 안전해져요. 현재 전 세계에는 보호 구역이 약 20만 곳 있어요. 우리나라도 설악산 국립공원, 지리산 국립공원 등의 보호 구역이 있어요.

미국의 레드우드 국립공원 같은 곳이 보호 구역이에요.

아추아족은 페루 정글에 사는 원주민이에요. 수백 년 동안 숲에 의지해 살아왔고, 숲에 해를 끼치지 않으면서 살아가는 법을 알아요.

## 공동체 숲 가꾸기

정부가 지역 공동체나 원주민에게 보호 구역의 관리를 맡기기도 해요. 공동체는 숲을 어떻게 가꾸고 관리할지 스스로 계획을 세우고 결정을 해요. 주민들은 그 지역에 살기에 숲을 존중하고 숲의 자원을 너무 많이 채취하지 않아요. 그래서 숲은 더 안전하게 보호가 되지요.

# 벌목과 채굴에 대처하기

세계는 목재와 채굴한 자원으로 만든 생산물을 계속 쓸 거예요. 따라서 숲에 피해를 가능한 한 적게 주는 방식으로 제품을 생산할 방법을 찾아야 해요. 우리가 할 수 있는 가장 좋은 방법은 지속 가능한 방법으로 생산된 제품을 쓰고, 불법 벌목과 채굴을 막는 거예요.

## 지속 가능한 벌목 장려

앞서 살펴보았듯이, 지속 가능하게 벌목을 할 수 있는 방법이 있어요. 여러분이 지속 가능한 방식으로 얻은 목재와 종이를 사는 쪽을 택한다면, 좋은 벌목 방식이 널리 퍼지도록 도움을 주는 거예요. 그런데 그게 어떤 제품인지 어떻게 알죠? 그런 방식으로 만들었다고 알리는 상표와 로고가 있어요.

'산림 관리 협의회(FSC)'는 사람과 환경에 유익한 방식으로 숲이 관리되도록 지원하는 국제기구예요. 이 기관의 검사를 통과한 제품에는 나무 모양의 FSC 로고가 붙어요. 이 책은 FSC 인증을 받은 종이와 콩 잉크를 사용해 만들었어요. 인증 로고가 어디 있는지 찾아보세요.

## 지역 주민 지원

지속 가능하지 않은 방식으로 나무를 베는 사람들은 가족을 먹여 살리기 위해 그런 행동을 하는 것인지도 몰라요. 대기업에서 그냥 시키는 대로 불법 벌목이나 채굴을 하는 것일 수도 있고요. 대개는 식량이나 치료에 필요한 돈을 벌기 위해 어쩔 수 없이 그런 일을 해요. 따라서 돈 때문에 그런 일을 하는 지역 주민들에게도 피해를 보지 않도록 할 필요가 있어요. 직업 훈련을 받게 하거나 다른 일자리를 제공하는 것도 한 방법이에요.

2017년에 인도네시아는 '사슬톱 되사기 사업'을 시작했어요. 불법 벌목으로 돈을 버는 사람에게 사슬톱을 받고 대신에 농민으로서 새 삶을 시작할 수 있도록 돈을 빌려주고 직업 교육을 해 줘요.

## 기술 이용

불법 벌목과 채굴이 언제 일어나는지 알기는 쉽지 않아요. 숲이 워낙 넓으니까요. 하지만 이를 도와줄 좋은 기술들이 있어요.

정부는 숲의 가기 힘든 지역으로 드론을 날려서 불법 벌목이나 채굴 현장을 찾아내요.

2013년 발명가이자 탐험가인 토퍼 화이트는 불법 벌목하는 소리를 감지해 정부 시설에 신호를 보내는 장치를 개발했어요. 태양전지와 낡은 휴대전화를 써서 1.6km 떨어진 곳에서 나는 사슬톱 소리까지 알아차릴 수 있게 만들었어요. 인도네시아에서 큰 성공을 거둔 뒤, 지금은 아프리카와 남아메리카에도 널리 쓰이고 있어요.

## 숲 산물 추적하기

제품이 어디에서 오는지를 추적할 수 없다면, 지속 가능하게 생산되었는지 여부를 알기 어려워요. 숲을 관리하는 사람들이 늘 꼼꼼하게 기록하지는 못하니까요. 그러나 기술 덕분에 더 쉬워지고 있어요. 기술자들은 각 숲의 정보를 저장할 수 있는 앱을 개발하기 시작했어요. 덕분에 우리는 제품이 어디에서 나와서 어떻게 만들어지는지를 추적할 수 있어요.

기술이 더 발전하면, 화면에서 상품을 누르기만 해도 자신이 사려는 나무 제품이 어느 숲에서 왔는지를 정확히 알 수 있을 거예요.

## 산림 감시원 고용

산림 감시원은 숲을 돌아보면서 그 안에 사는 모든 동식물을 보호하는 일을 해요. 나무와 동물을 불법으로 빼내는 것을 막기 위해, 감시원이 용감하게 밤낮으로 일하는 곳도 있어요.

## 농업 대책 세우기

앞으로 30년 동안 세계 인구는 약 200억 명까지 늘어날 가능성이 있어요. 그만큼 먹일 사람이 늘어나는 거지요. 하지만 작물을 기르고 가축에게 풀을 먹일 땅을 늘리기 위해서 숲을 계속 베어 낼 수는 없어요. 대신에 우리는 미래 세대를 위해 지구와 숲을 보호하는 방식으로 농사를 지을 필요가 있어요. 이를 '지속 가능한 농법'이라고 해요. 어떻게 하면 지속 가능하게 농사를 지을 수 있는지 살펴볼까요?

### 산림 농업이란?

경작지라고 하면 대개 우리는 넓은 밭에 한 가지 작물만 자라는 광경을 떠올려요. 그러나 경작지가 꼭 그럴 필요는 없어요. '산림 농업'은 줄지어 있는 작물 사이에 또는 가축이 풀을 뜯는 목초지에 나무를 심는 거예요. 나무는 흙을 기름지게 해서, 작물이 더 잘 자라게 도와요. 또 숲에 사는 동물들에게 살 곳도 제공해요.

### 숲 파괴 안 하기 서약

숲 파괴를 막는 한 가지 해결책은 숲을 없앤 땅에서 나온 상품을 거래하지 못하게 하거나 더 윤리적으로 행동하게 만드는 거예요. '숲 파괴 안 하기 서약(Zero Deforestation Commitment, ZDC)'은 제품을 만들 때 숲을 전혀 파괴하지 않았다고 기업이 하는 약속이에요. 나무를 전혀 베지 않았거나, 베었다면 새 나무를 심었다는 뜻이에요.

'아마존 콩 거래 중단'은 ZDC의 첫 사례에 속해요. 2006년에 아마존에서 콩을 사고파는 사람들 대부분이 서명했어요. 최근에 숲을 없애서 만든 땅에서 기른 콩을 사지 않겠다고 약속한 거예요. 그들은 약속을 지켰어요! 그 결과 벌목된 경작지에서 기른 콩의 양이 10년 사이에 30퍼센트에서 1퍼센트로 확 낮아졌어요.

42

## 대체 단백질

고기 등 단백질이 풍부한 식품은 우리에게 중요한 영양소를 제공해요. 그러나 소 같은 커다란 동물을 기르려면 넓은 땅과 많은 물, 사료(주로 콩)가 필요해요. 한 가지 해결책은 우리 모두가 고기를 덜 먹고 대신에 곡물, 콩, 견과 같은 식품에서 단백질을 얻는 거예요.

수천 년 동안 전 세계에서 사람들은 곤충을 먹어서 단백질을 보충했어요. 꿀맛이 나는 끈적거리는 개미에서 우윳빛 딱정벌레 애벌레에 이르기까지, 곤충은 환경에 거의 피해를 안 끼치면서 빨리 기를 수 있어요. 캄보디아의 거리에서는 튀긴 타란툴라를 간식으로 팔곤 해요.

## 지속 가능한 기름야자

기름야자(20~21쪽 참조)를 재배하기 위해서 드넓은 면적의 아시아 우림이 파괴되어 왔어요. 하지만 기름야자를 당장 쓰지 않기란 어려워요. 기름야자는 우리 생활에 많이 쓰이고, 또 수백만 명의 농민이 기름야자를 재배해 먹고살기 때문이에요. 따라서 윤리적으로 재배하는 것이 중요해요. 여기서도 우리가 할 수 있는 방법이 두 가지 있어요.

1. 생산자에게 지속 가능한 방식으로 기름야자를 기르도록 장려하는 거예요. 이미 벌목된 땅에서만 재배하게 하는 거지요. 그 방법은 멸종 위기 동물을 보호하고 지역 공동체와 협력한다는 의미도 담고 있어요.

인도네시아의 몇몇 지속 가능한 기름야자 대농장은 야생동물이 살아갈 숲을 옆에 따로 떼어 놓아요. 천산갑 같은 멸종 위기 동물을 보호하는 데 도움이 돼요.

2. 개인과 기업에게 지속 가능한 방법으로 생산된 팜유만 사라고 권해요.

영국 체스터 동물원에서 일하는 환경 보전 운동가들은 체스터를 세계 최초의 '지속 가능한 팜유 도시'로 만드는 운동을 벌여서 성과를 올리고 있어요. 그 도시의 50여 개 기관을 설득하여 지속 가능한 팜유만 쓰도록 했지요. 지금은 도시의 다른 모든 사람들도 참여하도록 설득하는 것을 목표로 삼고 있어요. 사람들의 결정을 돕기 위해서, 지속 가능한 팜유를 쓴 제품의 목록을 만들어서 제공해요.

# 첨단 기술 활용하기

현대 세계는 기술로 가득해요. 어느 면에서 보면 기후변화 같은 커다란 문제들은 이런 기술을 개발하고 이용하는 과정에서 나온 것이기도 해요. 그러나 기술은 우리 숲을 구하는 좋은 쪽으로 쓰일 수 있어요. 과학자, 건축가, 공학자가 내놓은 창의적인 방안 몇 가지를 살펴볼까요?

## 재생 에너지

세계의 에너지 중 상당 부분은 숲 밑에서 채굴하는 석유와 천연가스, 석탄에서 얻어요. 이렇게 얻은 에너지로 우리는 요리와 난방 등 일상생활을 해요. 과학자들은 숲을 파괴하지 않으면서 에너지를 얻을 수 있는 방법들도 개발해 왔어요. 태양 전지판은 태양열을 이용해서 에너지를 생산해요. 풍력과 수력도 쓸 수 있지요. 이런 에너지들의 좋은 점은 재생 가능하다는 거예요. 즉 써도 곧 다시 생겨요!

## 인공 광합성

식물은 에너지를 생산하는 기계예요. 광합성을 통해서 이산화탄소, 물, 햇빛을 에너지로 바꾸지요. 현재 과학자들은 인공적으로 광합성을 하는 방법을 개발했어요! 지금은 비싸고 쉽게 사용할 수는 없지만, 언젠가는 유용한 에너지원이 될 수도 있어요. 이 방법은 숲을 전혀 파괴하지도 않아요.

## 인공위성

숲 파괴를 막으려면 그 일이 어디에서 일어나고 있는지를 알아야 해요. 예전에는 알아내기가 무척 어려웠지요. 지금은 인공위성을 써서 우주에서 지구의 숲을 살펴볼 수 있어요. 인공위성은 지구 궤도를 돌면서 사진을 찍어요. 어느 숲이 얼마나 많이 얼마나 빨리 사라지는지를 정확히 보여 주지요.

## 드론

나무를 새로 심는 일은 시간이 오래 걸려요. 그래서 몇몇 나무 심기 단체는 비행 로봇인 드론을 원격 조종하여 씨를 뿌려요. 두 사람이 드론 부대를 날려서 하루에 40만 개의 씨를 뿌릴 수도 있어요!

## 도시 숲 설계

도시에 녹색 공간을 조성하면 지구에도 좋을 뿐 아니라, 야생동물이 도시에 살 수도 있고 사람들의 건강과 행복에도 도움을 줘요. 그래서 건축가들은 건물을 설계할 때 숲과 식물을 건축물에 넣기 시작했어요. 옥상과 발코니를 정원으로 꾸미기도 하고, 건물 외벽을 식물로 덮어 '수직 정원'을 조성하기도 해요.

## 뉴클리어리오

우림을 베어 내면, 어린나무가 다시 자라기가 어려울 수 있어요. 이때 '뉴클리어리오'라는 작고 단순한 기구가 새로 심은 묘목이 잘 자라도록 도와요. 이 기구는 어린나무의 잎을 잘라내는 잎꾼개미를 쫓고, 빗물을 모아서 천천히 배출해요. 무엇보다도 생분해성이라서, 나중에 분해되어 사라지지요. 환경을 위한 생각이 실현된 좋은 예랍니다.

# 숲에 대해 알리기

이 모든 사실을 알고 나면, 숲을 베는 것이 얼마나 큰 실수인지 쉽게 알 수 있어요. 하지만 숲이 왜 그렇게 중요한지, 숲을 없애면 얼마나 큰 피해를 볼 수 있는지를 제대로 알지 못하는 사람들이 있는 한, 숲 파괴는 절대 멈추지 않을 거예요. 그러니 숲을 구하는 데 도움이 될 사실들을 알리는 것이 무척 중요해요. 그 방법을 고민해 봐요.

## 과학을 탐구해서 알리기

지식을 공유하는 한 가지 방법은 과학을 통하는 거예요! 세계에는 아직 탐사되지 않은 드넓은 면적의 숲이 있어요. 그 안에 어떤 비밀이 발견되기를 기다리면서 숨어 있을지 누가 알겠어요? 이런 숲을 탐사하는 과학자들은 놀라운 동식물들을 발견하고, 세상에 널리 알려요. 암 같은 질병 치료에 쓸 수 있는 놀라운 식물이 있다는 것도 말해 주고, 어떤 동식물이 특히 위험에 처해 있고 보호를 받아야 하는지도 알려 줘요.

브라질의 애틀랜틱 숲에서 과학자들은 갈기세발가락나무늘보 같은 많은 희귀한 종을 연구해요. 그들을 보호할 더 나은 방법을 찾아내기 위해서예요.

## 뉴스, TV, 책을 통해 알리기

대중매체를 활용하는 것도 숲 파괴에 관한 사실들을 널리 알리는 방법이에요. 뉴스 기사는 숲이 얼마나 사라졌는지 최신 통계 자료를 제공해요. 다큐멘터리와 책(이 책 같은!)은 숲 파괴가 왜 일어나는지 더 상세히 설명할 수 있어요. 또 전 세계 사람들에게 숲이 어떻게 파괴되고 있으며, 자신의 행동이 수천 킬로미터 떨어진 숲에 어떻게 영향을 미치는지를 이해하도록 도와요. 그런 사실들을 알게 된 사람들은 사는 제품에서 먹는 식품에 이르기까지 자신의 행동을 바꿀 가능성이 높아요.

## 지역사회에서 배우기

숲을 가장 잘 아는 사람들은 그 숲에 살거나 그곳에서 일하면서 숲을 보호하는 데 신경을 쓰는 사람들이에요. 과학자, 전문가, 원주민이지요. 그들은 자신이 아는 지식을 공유함으로써, 숲을 안전하게 지키는 데 도움을 줄 수 있어요.

숲 근처에 살면서 숲에서 나오는 산물을 팔아서 돈을 버는 이들이라고 해도 숲 파괴가 지역 공동체와 지구에 매우 나쁘다는 사실을 깨닫지 못할 수도 있어요. 과학자와 전문가는 그들과 이야기를 나눔으로써 숲의 가치를 이해하도록 도울 수 있어요. 숲이 지역 강을 깨끗하게 유지하는 데 중요하다는 것과, 다른 곳에는 없는 동물이 그 지역의 숲에 살 수도 있다는 것을 알려 줘요. 또 지역 주민들은 생태 관광(39쪽 참조)처럼 숲에 해를 끼치지 않으면서 숲을 통해 생계를 유지할 방법도 배울 수 있어요.

숲에 사는 원주민들로부터도 배울 수 있어요. 원주민 공동체는 수천 년에 걸쳐 쌓인 숲에 관한 지식과 지속 가능하게 숲을 관리해 온 경험도 지니고 있어요.

캐나다의 '전국 원주민 임업 협회'는 야생 생물을 보호하는 법, 물을 깨끗하게 유지시키는 법 등 많은 환경 문제에 가치 있는 조언을 해요.

## 어린이 교육하기

지식을 공유하는 가장 중요한 방법 중 하나는 교실에서 교육을 하는 거예요. 아이들은 지금 당장은 별 힘이 없지만, 언젠가는 자라서 책임지는 일을 맡을 거예요. 학교가 아이들이 어릴 때 숲의 가치를 가르친다면, 그들은 자라서 숲과 지구에 유익한 선택을 하게 될 거랍니다.

아이들에게 숲의 중요성을 가르치는 좋은 방법 중 하나는 숲에서 시간을 보내도록 하는 거예요! 교실이 아니라 야외에서 수업하는 숲속 학교는 아이들에게 숲에서 놀면서 숲의 경이로운 것들을 스스로 발견하게 해요.

# 법과 규칙 만들기

숲 파괴에 대처하는 가장 좋은 방법 중 하나는 숲을 보호하는 법과 규칙을 만드는 거예요. 법규가 없다면 누구든 마음 내키는 대로 많은 숲을 벨 수 있고, 이로 인해 숲이 아예 남아나지 않을 수도 있어요! 법과 협정은 개인, 기업, 국가에게 규칙을 따르게 하고, 자기 행동에 책임을 지게 해요. 숲 파괴를 막는 데에는 이런 강력한 조치가 필요해요.

그럼 숲 파괴를 막는 데 도움을 주는 법, 규칙, 협정에는 어떤 것이 있는지 살펴볼까요?

## 정부의 허가를 받아요

모든 나라에서 정부는 보호할 숲을 따로 지정할 수 있어요(39쪽 참조). 그런 지역에서는 나무를 베어 내는 것을 법으로 금지해요. 또 정부는 어느 숲 지역을 벌목, 채굴, 농사용으로 쓸지도 정할 수 있어요. 숲을 베려는 기업은 정부에 허가 신청을 해야 해요. 정부는 허가를 내주면서 규칙을 정해요. 예를 들어, 벌목 허가서에는 이런 내용이 적혀 있을 거예요.

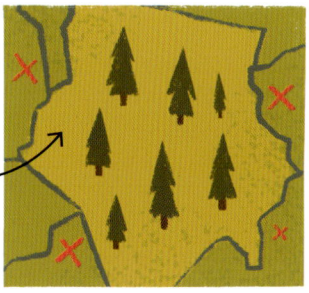

나무를 벨 수 있는 지역

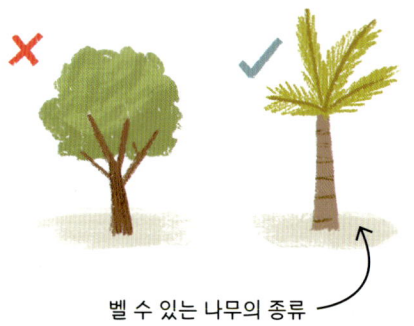

벨 수 있는 나무의 종류

x 100 — 벨 수 있는 나무의 수 (허가받은 벌목량)

나무를 베는 방식

## 법으로 원주민을 지켜요!

정부나 큰 기관이 먼저 나서서 숲을 보호할 법을 제정하지 않을 때도 있어요. 그럴 땐 개인이나 작은 단체의 활동이 중요해요. 와오라니족은 에콰도르 숲에 사는 원주민이에요. 정부가 그들의 땅을 석유 회사에 팔려고 하자, 그들은 법원에 소송을 냈어요. 2019년 그들은 재판에서 이겼어요. 법원은 와오라니족의 동의 없이 땅을 파는 것이 법에 어긋난다고 판결했어요. 그들의 숲과 그들의 생활 방식이 이제 법의 보호를 받는다는 뜻이에요.

## 기후변화 억제 조치

2016년 세계의 거의 모든 나라가 '파리 기후변화 협약'에 서명했어요. 다 함께 기후변화를 억제하는 조치를 취하기로 약속한 거예요. 각 나라에서 온실가스를 줄이고, 지구 온난화를 늦추는 조치를 취한다는 내용이 담겨 있어요. 이 협정은 국가가 숲을 돌보고 파괴 속도를 조절할 책임이 있다는 것을 뜻해요. 우리나라도 온실가스를 줄이겠다는 목표를 제출하고 여러 가지 노력을 하고 있어요.

## 동식물 보호하기

숲에 사는 동식물을 보호하는 법과 협정도 있어요. 사이테스(CITES, '멸종 위기에 처한 야생 동식물의 교역에 관한 국제 협약'의 줄임말)는 1975년에 출범해서 180개국 이상이 가입했어요. 멸종 위기에 있는 동식물의 거래를 막아서 생존을 위협하지 않도록 하는 거죠. 특별 허가를 받지 않는 한, 거래할 수 없는 나무도 수백 종이나 돼요. 팔 수 없으면 그런 나무를 벨 사람도 줄어들겠죠? 우리나라는 1993년에 이 협약에 가입했어요. 환경부에서 사이테스에 등록된 생물 종을 보호하고 있어서, 국제적 멸종 위기 동식물을 사고팔려면 환경부에 반드시 신고를 해야 해요.

마호가니

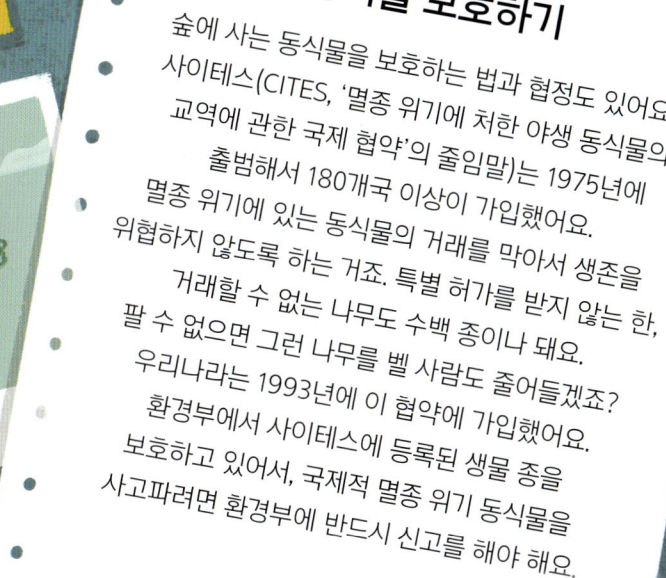

독화살개구리

# 대중의 힘

숲은 아무리 나쁜 일을 당해도, 스스로 알리고 보호를 요청할 수가 없어요. 따라서 환경 보전 운동가, 보호 단체, 용감한 개인이 숲을 대신해서 목소리를 내야 해요. 그런 일을 한 놀라운 개인과 단체를 만나 볼까요?

## 패트리샤 라이트

1986년 여우원숭이 전문가인 미국인 패트리샤 라이트는 큰대나무여우원숭이를 찾으러 마다가스카르로 갔어요. 많은 이들이 멸종했다고 생각한 동물이었지요. 그녀는 찾고 있던 종을 발견했을 뿐 아니라, 새로운 종도 더 발견했어요! 하지만 곧 패트리샤는 그 원숭이들이 사는 숲이 벌목으로 사라질 위험에 처해 있다는 것을 알아차렸어요. 그녀의 도움으로 라노마파나 국립공원이 설치되었어요. 여우원숭이 12종과 그들이 사는 숲을 보호하기 위한 조치였지요.

## 왕가리 무타 마타이

1977년 케냐의 환경 운동가 왕가리 무타 마타이는 초록 띠 운동을 시작했어요. 환경 문제에 관심을 갖고 농장, 학교, 교회 주변에 나무를 심자고 아프리카 여성들에게 호소하는 운동이었지요. 왕가리의 운동에 힘입어서 사람들은 케냐에 5천만 그루의 나무를 심었어요. 이 '그린벤트 운동'은 아프리카 전역으로 확대되어 국가 발전에 큰 도움이 되었어요. 그녀는 공을 인정받아 2004년 아프리카 여성 최초로 노벨 평화상을 받았어요.

## 숲 파괴에 맞선 25명의 목소리

2018년 '숲 파괴에 맞선 25명의 목소리'라고 자칭하는 콜롬비아의 젊은이들(7~26세)은 정부가 아마존 우림의 파괴를 막지 않는다고 고소했어요. 그들은 원주민, 미래 세대, 자연 자체가 건강한 기후에서 살 권리가 있다고 주장했어요. 그들은 재판에서 이겼고, 법원은 콜롬비아 정부에 우림을 보호할 행동 계획을 수립하라고 했어요.

## 테미아족

한 벌목 회사가 테미아족이 사는 숲을 베기 시작하자, 그들은 행동을 취하기로 했어요. 오랜 세월 말레이시아 우림에서 살아온 테미아족은 자신들의 고향, 사냥터, 생활 방식이 파괴되는 것을 원치 않았어요. 정부에 도움을 요청했지만 이를 거절당하자, 그들은 도로를 막아서 벌목 트럭이 숲에 들어가지 못하게 했어요. 벌목 회사는 도로를 다시 열라고 소송을 걸었어요. 하지만 법정에서 테미아족이 이겼어요. 그들은 자신들의 땅을 보호하기 위해 계속 싸우고 있어요.

## 그레타 툰베리

2018년 8월 스웨덴 청소년 그레타 툰베리는 학교를 결석하고 의회 바깥에서 시위하기로 마음먹었어요. 시위의 내용은 기후변화를 막자는 것이었어요. 툰베리는 생태계가 무너지고 멸종 위기가 시작됐다고 호소했어요. 전 세계의 젊은이들이 곧 그 뒤를 따라서 지구를 위한 행동에 나섰어요. 한 사람의 목소리가 세계에 영향을 미칠 수 있음을 증명한 거예요.

## 펠릭스 핑크바이너

'지구를 위해 심어요'는 2007년에 독일 소년 펠릭스 핑크바이너가 세계의 어린이들이 함께 나무 백만 그루를 심자고 제안한 뒤에 세워진 국제단체예요. 북극곰을 살리기 위해 시작한 이 운동은 3년 사이에 목표를 달성했어요. 그래서 펠릭스는 새 목표를 세웠어요. 1조 그루의 나무를 심겠다고요! 현재 이 단체는 목표를 이루기 위해 노력하고 있어요. 7만 명이 넘는 어린이들이 지구를 보호하자고 사람들에게 알리고 행동을 취하고 있어요.

**여러분도 도울 수 있어요!**
여러분이 그저 한 사람일 때에는 정부와 대기업에
맞서거나 세상을 바꾸는 것이 불가능해 보일 수 있어요.
그러나 설령 여러분이 과학자나 발명가가 아니라고 해도,
어떤 작은 변화도 일으키지 못할 만큼 힘이 없지는 않아요.
여러분의 모든 행동은 주변 사람들과 동식물에게 영향을 미쳐요.
어떤 영향을 미칠지는 여러분에게 달려 있어요. 많은 이들이
세상을 바꾸기 위해 힘을 모은다면, 엄청난 일을 이룰 수 있을 거예요!

# 습관을 바꿔요

우리는 일상의 사소한 행동이 멀리 떨어진 숲에까지 영향을 주리라고는 생각하지 않아요. 그러나 무심코 전등을 켜거나 종이를 쓰레기통에 버리는 행동 하나가 소중한 숲 자원을 낭비하는 일이 될 수 있어요. 그렇다면 어떻게 하면 숲을 돕도록 습관을 바꿀 수 있을까요? 우리가 작은 행동을 바꾸는 것만으로도 세상에 큰 변화를 일으킬 수 있어요.

## 화석연료를 덜 사용해요

우리는 석유, 석탄, 천연가스 같은 화석연료의 채굴이 숲에 나쁜 영향을 끼칠 수 있다는 것을 알았어요. 그것들을 덜 쓸 방법이 있을까요?

- 짧은 거리는 자동차 대신에 자전거를 타거나 걸어가요. 차는 대개 화석연료로 움직이거든요.
- 플라스틱을 덜 쓰고 덜 사요. 플라스틱은 석유에서 나와요.
- 비행기를 타지 않고 휴가를 즐길 방법을 생각해요. 비행기는 화석연료를 많이 써요.
- 주변 어른에게 재생에너지를 쓰도록 노력하자고 부탁해요.

방을 나갈 때는 전등을 끄고 플러그를 뽑아요. 화석연료는 전기를 만드는 데 쓰여요.

식구들에게 난방 온도를 더 올리는 대신에 옷을 더 껴입으라고 해요. 1°C를 올리기 위해 많은 에너지가 필요하거든요. 많은 중앙 난방 시스템은 천연가스를 써요.

## 나무를 심어요

행동을 바꾼다는 것은 숲에 해를 끼치는 습관을 버리는 것만 뜻하는 게 아니에요. 숲에 도움이 되는 새로운 습관이나 취미를 갖는 것도 뜻해요. 자기 지역의 나무 심는 단체에 가입하거나, 집 주변이나 학교에서 나무를 심어 봐요. 처음에는 작은 묘목이라고 해도, 언젠가는 여러분보다 더 커질 거예요. 여러분이 심은 나무는 자라서 다양한 동물에게 서식지를 제공하고, 이산화탄소를 흡수해서 우리가 마실 깨끗한 공기를 제공할 거예요.

## 물건을 덜 사요

우리는 일회용품 세계에 살고 있어요. 계속 새로운 것을 사고, 고장 나거나 싫증이 나면 그냥 버리곤 해요. 하지만 우리가 원래 그랬던 것은 아니에요. 얼마 전까지만 해도, 사람들은 손으로 직접 물건을 만들고 고장 나면 고쳐서 썼어요. 더 적게 지니고도 행복했고, 지닌 물건들을 조심해서 아껴 썼어요. 여러분도 그렇게 할 수 있어요! 물건을 조심해서 아껴 쓰면 당연히 새로운 물건을 살 필요가 줄어들겠지요?

- 물건을 사면 완전히 닳을 때까지 써요.
- 전자제품을 조심해서 써요. 고장 나면 버리기보다는 고쳐 써요.
- 새것을 사기 전에, 정말로 필요한지 생각해요. 56~57쪽에 나온 윤리적 구매 요령을 익혀 올바른 소비 습관을 길러요.

연필은 몽당연필이 될 때까지 쓸 수 있어요!

찢어진 옷이나 구멍 난 양말 같은 것을 깁는 법을 배워요!

## 쓰레기를 줄여요!

물건을 다 쓰면 그냥 버리지 말고, 어떻게 하면 다시 쓸 수 있을지 창의적으로 생각해 봐요.

- 다 쓴 휴지 심과 사용한 포장지, 택배 상자 등으로 종이 공작을 해 봐요.
- 종이는 양면을 다 써요. 종이 한 장도 빈 곳이 없어질 때까지, 여러 번 쓸 수 있어요.
- 오래된 휴대전화를 토퍼 화이트의 보전 계획(41쪽 참조) 같은 곳에 기증할 방법을 찾아봐요.
- 재사용하거나 기부할 수 없다면, 쓰레기통에 넣기 전에 재활용으로 분리배출할 수 있는지 봐요. 재활용품으로 제품을 만들면 새 원료로 만들 때보다 에너지가 훨씬 덜 들어요. 분리배출 방법을 잘 익히는 것도 중요하니 평소에 관심을 갖도록 해요.
- 아나바다(아껴 쓰고 나눠 쓰고 바꿔 쓰고 다시 쓰기) 운동에 동참해요.

자신의 그림을 선물 포장지로 써요.

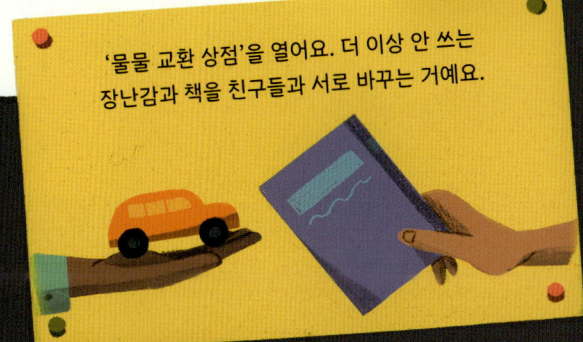

'물물 교환 상점'을 열어요. 더 이상 안 쓰는 장난감과 책을 친구들과 서로 바꾸는 거예요.

# 윤리적 구매를 해요

물건을 사는 소비자에게는 많은 힘이 있어요. 상품 라벨을 꼼꼼히 읽고, 그 물건이 어디에서 왔는지를 살펴보면, 지구와 숲에 좋은 방식으로 생산된 물건을 구입하고, 해를 끼치는 방식으로 생산된 것을 피할 수 있어요.

## 지속 가능한 제품을 구매해요

숲에서 나온 제품을 살 필요가 있다면, 지속 가능한 방식으로 생산되었는지 확인하는 것이 중요해요. 포장지나 온라인에서 정보를 찾을 수 있어요. 지속 가능하게 생산된 제품만을 고름으로써, 여러분은 벌목공과 농민에게 우리가 숲과 지구를 생각한다는 점을 알리는 거예요. 지속 불가능한 방식으로 생산되는 제품을 사지 않으려는 사람이 충분히 늘어나면, 이윽고 벌목공과 농민도 생산 방법을 바꿀 필요가 있음을 깨달을 거예요.

### 지속 가능한 팜유

지속 가능한 팜유를 쓰는 기업과 제품을 찾아요. 원재료가 표기된 부분을 잘 살펴보아야 해요. 팜유는 식물에서 짜낸 기름이라 '식물성 기름'이라고 쓰기도 해요. 가능하면 지속 가능한 팜유나 팜유가 들어 있지 않은 제품을 골라요.

### 친환경 종이와 목재

목재나 종이 제품을 구매할 때에는 친환경 로고를 찾아봐요. 윤리적인 방식으로 얻은 숲 재료를 써서 생산된 것이라는 뜻이에요.

## 윤리적으로 생산된 고기를 사요

소가 뜯을 풀을 기르거나 동물에게 먹일 작물을 기르기 위해 숲을 없애기도 해요 (20~21쪽 참조). 고기는 우리 몸의 좋은 단백질 공급원이고, 균형 잡힌 식단에 중요해요. 그렇다면 환경에 좋은 방식으로 고기를 사고 먹으면서 건강을 유지할 수 있는 방법을 찾는 것이 좋겠지요? 여기 몇 가지 방법이 있어요.

### 과일과 채소
고기를 덜 먹는 방법 한 가지는 식물을 많이 먹는 거예요! 가까운 지역에서 기른 과일과 채소를 고르거나, 집이나 학교에서 채소를 직접 길러 먹어 보세요. 토마토, 당근, 감자, 샐러드 채소는 텃밭에서 곧바로 따거나 캔 것이 더 맛있어요.

### 로컬 푸드
그 지역에서 생산된 농산물을 '로컬 푸드'라고 해요. 가까운 지역에서 환경에 피해가 없도록 생산한 육류를 구입해요.

### 대체 고기 식품
고기를 덜 사는 것도 아주 좋아요. 동물성이 아닌 식품을 먹으려고 해 봐요. 콩은 고기를 대체할 만큼 단백질이 많이 들어 있어요. 콩으로 만든 두부를 먹어도 좋지요.

## 더 나은 구매 습관

무언가를 사기 전에 이런 것들을 먼저 생각해요.

### 중고품을 살 수 있나요?
멋지다고 최신 제품을 굳이 살 필요는 없어요!

### 재활용된 제품을 살 수 있나요?
재생 종이처럼 재활용으로 만든 제품은 버려질 자원을 다시 이용해요.

### 재사용할 수 있나요?
종이 접시나 플라스틱 빨대 같은 일회용품을 이미 가지고 있다면 한 번만 쓰고 버려요. 반복해서 다시 쓸 수 있는 물건을 사는 편이 훨씬 나아요.

### 지역에서 생산되었나요?
그 지역에서 만들거나 기른 것을 사면 환경에 어떤 영향을 미쳤는지를 더 쉽게 추적할 수 있어요. 또 가게까지 운송하는 데 화석연료도 거의 쓰이지 않아요.

**주변에 알려요!**

# 목소리를 내서 행동해요

자신이 아는 모든 사람에게 숲이 어떤 문제에 처해 있는지, 우리가 어떤 도움을 줄 수 있는지 알린다고 생각해 보세요. 얼마나 많은 이들에게 그 말이 전달될까요? 이제 그 말을 들은 사람들 모두 자신이 아는 사람에게 똑같이 전달한다고 상상해 봐요. 그 메시지가 멀리까지 퍼지는 데 그리 오래 걸리진 않겠지요?

여러분의 목소리는 강력해요! 어리거나 약한 어린이라도 작게나마 세상을 바꿀 수 있어요. 전 세계에는 자기 목소리를 내서 자신이 옳다고 믿는 것을 지키려는 어린이가 많답니다. 생각을 행동으로 실천해 숲을 지킬 방법 몇 가지를 소개할게요.

## 기업에 편지를 써요

윤리적인 방식으로 행동하지 않는 기업에다가 지금 하고 있는 일이 올바르지 않다고 알려요. 많은 이들이 같은 편지를 보낸다면, 기업은 이윽고 귀를 기울일 거예요.

- 기업이 쓰는 성분이 숲에 해롭다면 알려 주고, 그 성분을 뺄 때까지 제품을 사지 않을 것이라고 말해요.
- '숲 파괴 안 하기' 정책을 채택하라고 요청해요. 기업의 제품이 어디에서 나오는지 추적하고, 그 제품을 만들기 위해 숲을 없애면 안 된다고 말해요.
- 가능한 한 제품의 포장을 줄이고, 재활용하거나 생분해되는 물질을 쓰라고 부탁해요. 포장을 아예 안 할 방법도 찾아보라고 요청해요.

## 가족들도 동참하게 해요!

물건을 사려는 집안 어른들께 지속 가능하게 생산되고 가능한 한 포장이 적은 제품을 고르라고 말해 줘요. 재사용이 가능한 장바구니를 챙기고 지속 가능한 성분이 라벨에 적혀 있는지 확인하는 일은 직접 해도 좋겠지요. 모두가 한 가지라도 지속 가능한 제품으로 바꾼다면 세상은 크게 달라질 거예요.

# 함께 행동해요!

## 학교에서 변화를 이끌어요

학교에 생태 모임이 있나요? 그렇다면 가입해요. 없다면 직접 만들어요.
생태 모임 활동으로 학교에서 많은 놀라운 변화를 일으킬 수도 있어요. 이런 것들이에요.

- 모든 교실에 재활용통을 놓고, 버려지는 것 중에 공작 재료로 쓸 만한 것은 따로 상자에 보관해요.
- 모두에게 교실을 비울 때 전등과 전자제품을 끄라고 알려요.
- 숲 파괴를 막는 데 도움을 줄 방법을 학급 회의에서 토론해요.
- 학교에 나무를 심어요.
- 숲을 보호하는 기관에 기부할 돈을 모으는 모금 활동을 해요.
- 학교에서 팜유를 쓰지 말자는 운동을 시작해요.

**효과적인 방법을 써요!**

## 정치인에게 편지를 써요

어떤 문제를 바로잡고 싶다면, 그 일과 관련이 있는 정치인에게 편지를 써요.
지역 숲이 사라지는 것처럼 자신이 사는 지역에 영향을 미치는 문제라면
지역 정치인에게 쓸 수 있어요. 다른 나라의 숲 파괴 문제라면
그 나라의 지도자에게 보낼 수도 있고요. 숲을 지키려는 목소리를
내는 사람이 늘수록, 정치인이 귀를 기울일 가능성이 더 커져요.

## 편지를 잘 쓰는 법

편지는 자신의 목소리를 듣게 하고 이야기를 전하는
강력한 방법이 될 수 있어요. 편지 쓰는 데에도 요령이 있어요.

- 자신만의 이야기를 담아요: 그 문제가 자신과 어떻게 관계가 있는지를 설명하고, 그 문제에 행동을 하는 것이 왜 중요한지를 쓰세요.
- 예의 바르게 써요: 예의 바른 방식으로 쓰면 메시지를 더 강력하게 전달할 수 있어요.
- 사실을 정확하게 전달해요: 사실을 제시하면서 논리를 뒷받침하면 편지가 더 진지하게 받아들여질 거예요.
- 바람직한 방법이 되도록 해요: 이루어져야 한다고 생각하는 변화를 제시하고, 그 변화가 어떤 바람직한 결과를 일으킬지도 설명해요.
- 포기하지 말아요: 받는 사람이 답장하지 않거나, 아무런 변화가 없으면 다시 보내요!

# 숲을 돕는 직업들

숲을 돕고자 하는 사람이 택할 수 있는 직업이 많다는 것을 아나요? 과학과 기술 분야에서 자선 단체와 예술 계통에 이르기까지, 세상을 바꿀 수 있는 다양한 직업이 있어요. 여러분은 앞으로 어떤 직업을 갖고 싶나요?

### 변호사
법을 공부한 변호사는 법규에 대해 잘 알기 때문에 숲을 보호하려는 원주민과 지역 사회를 도울 수 있어요. 사무실에서 일하거나 법원에서 법정 다툼을 해결할 수 있지요.

### 발명가
뛰어난 발명가는 숲을 보호할 새로운 생각을 해요. 오래된 문제를 해결할 방법을 찾아 다양한 생각을 내놓아요.

### 교사
학교에서 아이들에게 나무와 숲의 중요성을 설명하면, 아이들은 자라서 숲을 보호하려는 마음을 갖게 돼요. 언젠가는 그 아이들이 세상을 맡게 될 거예요!

### 농민
우리는 언제나 먹을 음식이 필요해요. 농민은 자기 땅에 나무를 심어 숲을 벌목하지 않고 해치지 않는 방식으로 작물과 가축을 기를 수 있어요.

### 화가
그림, 거리 미술, 설치 미술 등을 통해서 화가는 숲이 처한 문제에 사람들이 관심을 갖게 하고 행동할 마음을 먹게 할 수 있어요.

### 건축가
숲과 자연을 사랑하는 건축가가 꿈이라면 나무나 식물이 가득한 집을 설계하여 도시를 푸르게 하는 데 도움을 줄 수 있어요.

### 언론인
숲이 파괴될 때, 언론인은 증거를 찾고 어떤 일이 일어나는지 글로 써서 모두에게 그 사실을 알려요.

### 환경 단체 활동가
숲 파괴에 맞서는 민간 단체는 수백 곳이 있어요. 모금과 홍보 등 단체 내에서도 여러 직업이 있어요.

### 야외 연구자
숲을 찾아가서 어떤 놀라운 동식물이 사는지 조사하여, 보호를 받을 수 있도록 해요.

### 과학자
과학자는 숲 파괴와 기후변화가 세계에 어떤 문제를 일으키는지 조사하고 재생에너지 같은 해결책을 내놓는 데 도움을 줘요.

### 저술가
교사처럼 책도 사람들에게 나무와 숲의 중요성을 가르칠 수 있어요. 또 지구를 위한 삶을 사는 법도 알려 줄 수 있고요.

### 재활용 담당자
쓰레기를 제대로 처리하는 것이 정말 중요해요. 재활용해서 새로운 제품을 만드는 데 쓸 수 있는 것이 많으니까요.

### 산림 감시원
위험에 처한 숲과 그 안에 사는 동식물을 지키는 일을 해요.

### 정치인
정부에서 일하는 사람들은 나무와 숲을 보호하는 법규를 제정하는 데 도움을 줄 수 있어요.

### 환경 보전 운동가
자연환경을 보호하는 데 도움을 줘요. 정부와 협력하여 환경에 유익한 결정이 내려지도록 돕기도 해요.

# 용어 설명

**광물**: 암석을 구성하는 작은 알갱이. 금속, 석영, 다이아몬드 등 다양한 종류가 있음.

**기후**: 기온, 비, 눈, 바람 등의 대기 상태를 뜻함. 한 지역에서 오랜 세월에 걸쳐 나타나는 전형적인 날씨도 포함함.

**기후변화**: 지구 기후가 시간이 흐르면서 변하는 것. 이산화탄소 같은 온실가스가 늘면서 지구 기온이 오르는 것을 가리킬 때 주로 사용함.

**낙엽층**: 잎, 잔가지, 나무껍질 등이 떨어져서 쌓인 층.

**단백질**: 사람의 3대 영양소 중 하나. 고기, 생선, 달걀, 견과, 씨, 콩 등에 많이 들어 있음.

**대기**: 지구를 감싸고 있는 기체 혼합물.

**대농장**: 규모가 큰 농장. 넓은 땅에서 콩, 팜유, 사탕수수, 커피 같은 한 작물을 기르는 곳을 가리키는 말로 주로 사용됨.

**드론**: 원격조종으로 움직이는 무인 비행기.

**멸종**: 생물의 한 종류가 완전히 사라지는 것. 멸종할 위험에 처해 있는 것을 '멸종 위기'라고 함.

**물순환**: 물이 계속 지구 전체를 도는 과정. 물은 바다, 강, 땅에서 증발했다가, 식어서 구름이 되었다가, 비나 눈이 되어 내려서 다시 바다, 강, 땅으로 돌아감.

**밀렵꾼**: 불법으로 야생동물을 잡는 사람.

**벌목**: 숲의 나무를 베는 것. 목재와 펄프를 만들기 위해 벌목이 이루어짐.

**보전**: 온전하게 보호하여 유지한다는 뜻. 야생동물과 식물 등 자연에 있는 것들을 보호하고, 환경을 건강하고 깨끗하게 유지하는 것을 '환경 보전'이라고 함.

**분해**: 결합되어 이루어진 것을 낱낱이 나누는 것. 환경에서는 낙엽과 같은 식물이 부서져서 썩는 것을 의미함.

**산소**: 사람과 동물의 호흡에 필요한 기체로, 대부분 녹색 식물의 광합성으로 생산함.

**생물 다양성**: 한 지역에 사는 생물의 종류와 수. 넓은 의미로 유전자, 종, 생태계 수준 모두를 포함함.

**생분해성**: 물질이 미생물에 의해 자연히 분해되는 것.

**생태 관광**: 환경에 영향을 덜 미치면서, 동식물을 이해하고 지역 주민들을 존중하는 방식으로 자연을 여행하는 것.

**생태계**: 한 지역에 있는 생물과 그와 상호작용하는 무생물 전체.

**서식지**: 동식물이 일정한 곳에 자리를 잡고 사는 곳.

**수관**: 나무에서 나뭇가지들이 햇빛을 잘 받으려고 우산처럼 펼쳐진 부분. 그 모습이 나무가 왕관을 쓴 것처럼 보여서 수관이라고 함.

**숲 파괴**: 목재나 경작, 개발 등을 위해서 숲을 없애는 것.

**습지**: 하천, 연못, 늪으로 둘러싸인 습한 땅.

**열대**: 적도 부근으로 연평균 기온이 20℃ 이상인 몹시 더운 지역.

**영양소:** 생물이 살고 자라는 데 필요로 하는 영양분이 있는 물질.

**오염:** 땅, 공기, 물 등에 더럽거나 해로운 물질이 들어가는 것.

**온대:** 기온이 아주 높은 곳(열대)과 몹시 추운 곳(한대)의 중간 지대.

**온대낙엽수림:** 더운 여름과 추운 겨울이 있고, 주로 가을에 잎을 떨구는 낙엽수로 이루어진 온대림.

**온실가스:** 지구의 온도를 높이는 지구 대기의 성분. 이산화탄소, 메탄 등이 있음.

**우림:** 비가 많이 내리는 열대에 생긴 숲.

**원주민:** 나중에 들어온 사람이 아닌, 가장 처음부터 그 지역에 살던 사람.

**위장:** 본래의 모습이 드러나지 않도록 꾸미는 것. 동물의 경우 몸의 모양이나 색깔, 무늬가 주변 환경과 잘 어울려서 잘 들키지 않는 것을 뜻함.

**윤리적:** 윤리를 따르는 것. 환경에서는 숲과 동식물, 사람에게 해를 끼치지 않는 방식을 뜻하는 말로 사용됨.

**이산화탄소:** 지구 대기 중에 존재하는 기체로, 사람과 동물이 숨을 쉬거나 화석연료가 탈 때 나옴.

**이주:** 동물이 먹이나 짝을 찾아서 계절마다 옮기는 것. 살던 곳과 같은 환경을 찾아 이동함.

**재생에너지:** 써도 다시 생기는 에너지. 바람, 물, 햇빛 등을 이용해서 얻음.

**재활용:** 한 번 쓴 물건을 다시 쓰거나, 다시 쓸 수 있도록 처리하는 것.

**종:** 생물의 종류를 분류하는 가장 기본적인 단위. 서로 짝을 지어서 번식을 할 수 있는 한 동물이나 식물 집단을 가리킴.

**중세 시대:** 유럽 역사에서 5~15세기의 시기를 가리킴.

**증발:** 물이 수증기로 변하는 것처럼, 액체가 기체로 바뀌는 것.

**지속 가능:** 다 써서 없애지 않으면서 앞으로도 계속 쓸 수 있도록 하는 것.

**채굴:** 석탄, 다이아몬드, 코발트 같은 광물을 땅에서 캐내는 것.

**침식:** 비, 바람, 하천, 빙하 등을 통해 지표면이 서서히 깎이는 일.

**타이가:** 북반구 대륙의 추운 지역에 있는 숲. 주로 침엽수로 이루어져 있음.

**팜유:** 기름야자 나무 열매에서 짜낸 기름. 식용유, 비누, 화장품 등을 만듦.

**펄프:** 천이나 종이를 만들기 위해서 나무를 처리하여 얻은 섬유.

**화석연료:** 오래전에 죽은 생물이 화석화하여 만들어진 연료. 석유, 석탄, 천연가스 등이 있음.

**환경:** 생물에게 직간접으로 영향을 끼치는 자연적 조건이나 사회적 상황.

**환경 보전 운동가:** 사람이 끼친 피해로부터 자연 세계를 보호하려고 애쓰는 사람.

**협약:** 국가와 국가 사이에 문서를 교환하여 계약을 맺는 것. 또는 그 계약.

**협정:** 다른 나라의 정부와 약정(어떤 일을 약속하여 정함)을 맺는 것. 또는 그 약정.

**글 제스 프렌치**
어린 시절부터 자연과 동물과 친구였던 제스 프렌치는 지구 환경을 생각하는 수의사이자, 작가이자, TV 채널 진행자예요. 환경 문제에 관한 프로그램으로 '2010년 제인 구달 글로벌 청소년 리더십 상'을 수상했고, BBC "와일드라이프" 잡지에서 선정한 영향력 있는 인물 43위에 뽑히기도 했어요. 지은 책으로 『멸종 위기 동물들』, 『세상에 이런 기똥찬 쓰레기가』 등이 있으며, 현재 미국 노퍽의 동물 보호소에서 일하고 있어요.

**그림 알렉산더 모스토브**
친근하고 다소 장난스러운 그림 그리기를 좋아하는 일러스트레이터예요. 식물과 동물 등 자연에서 느낌을 떠올리고, 현대 디자인에서 영감을 많이 받았어요. 현재 미국 시애틀에서 살고 있어요.

**옮김 이한음**
서울대학교에서 생물학을 전공하고, 우리나라를 대표하는 과학 전문 번역가로 인정받고 있어요. 과학 분야 저술가이기도 하며, 청소년 문학을 쓴 작가이기도 해요. 지은 책으로는 『청소년을 위한 지구 온난화 논쟁』, 『바스커빌가의 개와 추리 좀 하는 친구들』 등이 있고, 옮긴 책으로는 『매머드 사이언스』, 『생명이란 무엇인가』 등이 있어요.

**감수 최재천**
서울대학교에서 동물학을 전공하고, 미국 펜실베이니아 주립대학교에서 생태학 석사 학위를, 하버드대학교에서 생물학 박사 학위를 받았어요. 서울대학교 생명과학부 교수, 환경운동연합 공동대표, 한국생태학회장, 국립생태원 초대원장을 지냈고, 현재 이화여자대학교 에코과학부 석좌교수와 생명다양성재단 대표를 맡고 있어요. 『생명이 있는 것은 다 아름답다』와 『과학자의 서재』를 비롯하여 수십여 권의 책을 저술하고 번역했어요.

**숲, 모두의 숲 : 숲의 미래가 바로 우리의 미래예요!**
2021년 3월 5일 초판 1쇄 발행

글 제스 프렌치 | 그림 알렉산더 모스토브 | 옮김 이한음 | 감수 최재천
책임편집 김양희 | 편집 오선희 | 디자인 디자인디 김태윤
펴낸이 이은엽 | 펴낸곳 크래들
주소 제주특별자치도 제주시 신대로 14길 24, 802호
출판등록 2015년 12월 24일 | 등록번호 제2015-000031호
전화 064-747-4988 | 팩스 064-747-4987 | 이메일 iobook@naver.com
값 16,800원 | ISBN 979-11-88413-12-6   73530

Let's Save Our Planet: Forests
© 2020 Quarto Publishing plc
Text©2020 Jess French
Illustrations©2020 Alexander Mostov
First published in the UK in 2020 by Ivy Kids, an imprint of The Quarto Group
All rights reserved.
Korean language edition©2021 by Cradle Press
Korean translation rights arranged with The Quarto Group through EntersKorea Co., Ltd., Seoul, Korea

이 책의 한국어판 저작권은 (주)엔터스코리아를 통한 저작권사와의 독점 계약으로 도서출판 크래들이 소유합니다. 저작권법에 의하여 한국 내에서 보호를 받는 저작물이므로 무단전재와 무단복제를 금합니다.

품명 도서  재질 종이  제조국 한국  제조업체 삼성인쇄  제조연월 2021년 3월
주소 제주특별자치도 제주시 신대로 14길 24  전화번호 064-747-4988  사용연령 초등 이상